国家行政学院**专题**教材

财政风险概论

CAIZHENG

FENGXIAN

GAI

LUN

许正中 编著

国家行政学院出版社

编写说明

　　为实现在本世纪头二十年全面建成小康社会、到本世纪中叶基本实现社会主义现代化伟大目标,中国共产党作出继续大规模培训干部、大幅度提高干部素质的重大决策。行政学院是干部教育培训的主渠道、主阵地,贯彻落实党中央、国务院一系列文件要求,创新培训理念体现需求特色,创新培训内容体现学科特色,创新培训方式体现教学特色,创新运行机制体现功能特色,着力提高学员素质和行政能力,在整个干部教育培训工作中发挥了不可替代的重要作用。

　　培训教材建设是干部教育培训的基础性工作,是提高教育培训质量和水平的重要保证。党中央印发的《2010 年—2020 年干部教育培训改革纲要》和国务院颁布的《行政学院工作条例》、《国务院关于加强和改进新形势下国家行政学院工作的若干意见》,都明确要求制定干部教育培训教材开发规划,实施精品教材工程,形成有行政学院特色的教材体系。

　　国家行政学院党委高度重视教材建设,成立教材编审委员会,主要领导为主任、领导班子成员为副主任,各教学管理和教研部门负责同志为成员,下设办公室,定期研究、部署教材建设规划,审议教材编写大纲、书稿,有计划、有步骤地推进教材建设,逐步建立特色鲜明、针对性和实用性强的教材体系。

根据教学培训需要,国家行政学院组织有关力量,着力编写和完善通用教材、学位教育教材、专题教材、案例教材、电子音像教材以及港澳和涉外培训教材,使教材更加贴近建设学习型党组织的需要,更加贴近经济社会发展的需要,更加贴近公务员工作岗位的需要。新编培训教材在国家行政学院党委的领导和教材编审委员会的指导下,在各位编者辛勤写作、反复修改下,现已顺利出版。

本套教材具有以下特点:一是特色鲜明。行政学院区别于其他干部教育培训机构的最大特色是"行政",本套教材努力彰显这一特色,内容体现了以提高公务员素质和行政能力为核心,以公仆意识、政府管理、依法行政为重点,以政府工作为主题,服务政府建设和政府工作。二是针对性强。教材主要面向国家公务员,按照"党和国家的事业需要什么就编写什么、干部履职尽责需要什么就编写什么"的要求谋篇布局,以帮助各级公务员提高素质和行政能力。三是实用性强。教材做到理论联系实际,既对学科基础理论、前沿理论作简要介绍,又对实践案例进行理论分析和提炼,有益于公务员改进工作、提高能力。

我们希望本套教材能够为学习型社会、学习型政党和学习型政府建设作出贡献,为广大公务员和各类领导人员学习新知识、增长新本领提供帮助。

欢迎大家提出宝贵意见。

国家行政学院教材编审委员会

2011 年 3 月

现代市场经济框架下,政府时时刻刻都在面临着大大小小的财政风险,公共财政作为风险的总埋单者,世界各国都在关注财政风险问题。尤其是近年来不断频发的国际性金融危机的影响,我国对财政风险的研究也日益深入,并引起了社会各个方面的关注。

当前,面对"全球化"浪潮的洗礼,中国正处于从传统社会到现代社会的多元复合转型战略机遇期,这种转型复杂而深刻,决非一般意义上的磨合与调整,而是生产关系在旧有束缚强力冲击下的解构与重组。在这个过程中,不可避免地会产生一系列社会矛盾,也不可避免会衍生出一定的社会风险。而这些风险也一定会通过某种途径与方式传导到财政体系当中,使得我国的财政风险呈现高发态势和复杂而多变的表现形式。现阶段,正确应对和化解财政风险必须首先把准财政风险的真实来源、传导机制、演进路径,并在此基础上阻断财政风险传导的链条,避免财政危机的"多米诺"效应。

研究任何经济社会制度的发展与演进,都需要将其纳入一个演进宏阔的时空背景里加以考察。纵观新中国成立以来财政变革的历史,我们不难发现正是各个时期社会风险所衍生出来的财政压力推动着我国政府职能的转变,有效协调社会风险和财政压力互动中的各种社会关系成为了疏解财政压力的核心。特别是在财政支出逐步向民生领域倾斜的财政改革攻坚期。

必须正确处理好如下五大关系：第一是正确处理好与各国政府之间的关系；第二是正确处理好政府财政与民生的关系；第三是正确处理好政府财政与金融的关系；第四是正确处理好政府财政与国有企业的关系；第五是正确处理好中央政府与地方政府的关系。

第一是正确处理好与各国政府间的财政关系。从财政风险的角度来看，正确处理好与各国政府之间的财政关系主要体现为国际间政府债务风险的管理。20世纪80年代以来，许多国家为增进本国经济的有效需求，不断地发行国债，这使得许多国家的政府债务规模不断膨胀。自从次贷危机引发的全球性经济危机爆发以来，政府因债台高筑而引发的金融风险正在呈现日益加重的趋势，并迅速向财政危机蔓延，希腊的主权债务危机便是典型的例子。随着希腊主权债务危机的国际传导，其他欧盟国家的金融风险也纷纷深化，并逐步向财政领域渗透，多个国家的财政赤字甚至超过了《马斯特里赫条约》所规定的国际公认警戒线（财政赤字应低于国内生产总值的3％）。这说明，在各国经济日益全球化的背景下，财政风险具有很强的国际传导性。因此，从财政风险的角度正确处理好各国政府间的关系，要求在国与国之间设置有效地阻断财政风险间国家传导的"防火墙"制度。

第二是正确处理好政府财政与民生的关系。以社会普遍服务为主要特征的公共需求越发成为公共财政的支出领域。从财政风险的角度来看，中国的改革由计划向市场经济转变，其原有的保障理念也由原来的国家保障、政府保障转向符合市场经济发展的一种新型的"社会安全阀"理念,成为了化解社会矛盾的第一道免疫系统和最后一道安全网。公共财政体制自上世纪 90 年代末公共财政的大讨论开始,经历了十多年的建设与发展,已经从"取自家之财"、"办自家之事"转变为"取众人之财"、"办众人之事",财政收支的运行格局已悄然地向民生财政方向进行转换。因此,给予社会保障体系以较为充足的公共资金投入日益成为各级政府的核心公共职能。完善社会保障体系日益成为社会公众关注的焦点,社会保障支出也日益给予财政支出巨大的压力。社会保障体系的运行风险已经成为财政风险的主要来源之一。在逐步完善社会保障体系的过程中,切保社会保障资金的安全和有效使用,防范社会保障性财政风险。

第三是正确处理好政府财政与金融的关系。金融是现代经济的核心,现代金融业在宏观经济运行中具有不可替代的作用。金融体系的稳定都至关重要,一旦出现金融风险或金融危机,各国政府出于社会稳定的考虑都会予以救助,其中,最常用的手段是财政救助。随着改革开放的逐步深入,国内市场逐步与国际市场的接轨,我国经济所面临的金融风险也在迅速加大。同时在"举国体系"的背景下,国有银行系统实际上承担了一部分国家财政的隐形负债。但是这种隐性的财政信用风险最终还是要由财政埋单,这就决定了我国的金融风险和财政风险的相关程度都要高于方发达市场经济国家,值得引起高度重视。

第四是正确处理好政府财政与企业的关系。实际上意味着正确划分政府和市场边界的问题,也意味着正确界定政府职能的问题。在我国向市场经济过渡的攻坚期,正确界定政府的职能边界,使政府的活动限定在公共领域的范围,防止出现政府利用公共权力与民争利的行为,既让财政职能在公共领域"不缺位",又不让财政资金在市场领域"不越位"是防止财政风险发生的最为根本的制度设计。这其中,正确处理政府财政与国有企业的关系至关重要。目前,我国国有经济控制力在铁路、邮电、民航等行业几乎占 100%,在金融、保险、电力、石油、煤炭等行业占 90% 以上,在冶金、化工等行业占 80% 左右,在外贸、机械、建筑等行业约占 60%,因而牢牢控制着关系国民经济命脉的重要行业和关键领域。改革开放 30 年来,国有企业改革一直是我们改革的重点和难点。国有企业经营状况对国家财政产生着直接影响。在中国特色社会主义市场经济条件下,如果不能有效地解决国有企业的市场化运营问题,将会直接诱发财政风险。

第五是正确处理好中央政府与地方政府的关系。从财政风险角度理解中央政府和地方政府的关系,主要体现为地方政府因分税制改革大幅缩水的财政收入和因地方性事权扩大所引发的日益高涨的刚性财政支出之间的财政缺口。改革开放以来,地方各级政府获得了较大的对内改革、对外开放的经济自主权,促进了地方经济的持续、快速发展。与此同时,渐进式改革中所积累和新生的各类矛盾与风险,也在 20 世纪 90 年代中后期日益显化,并呈加速态势。在诸多矛盾和风险中,地方政府推进经济发展、防范与解决金融风险、完善社会保障体系所形成的现实债务压力和潜在财政风险,及其与社会经济稳定之间的矛盾,显得尤为突出。

改革以来,地方各级政府一直承担着促进地方经济发展、扩大城市基础设施建设和补贴国企亏损的责任,加之庞大的具有刚性特征的办公和人头经费支出,地方财政支出负担沉重。而财政增收相对滞后,财政收支缺口较大。同时,为加速经济结构调整和产业的升级换代,推进经济发展,地方各级政府或直接或间接地借入内外债务,积累了相当规模的债务责任和还本付息压力,财政压力因此逐渐加大。地方各级政府利用政府融资平台变相地进行了地方性融资来化解财政压力,但是其实质也只是将隐性的财政风险日益显性化。因此,要想从根本上化解地方政府融资平台所引致的系统性风险,必须在财政体制上正确处理好中央与地方的分配关系,实现地方政府财力与事权的匹配。

CONTENTS ■ 目 录

第一章　财政风险与财政风险的化解 ······· 1
　　第一节　财政风险与现代经济 ······· 1
　　第二节　财政风险的诱因及传导 ······· 14
　　第三节　中国现时的财政风险及其表现 ······· 25
　　第四节　财政风险的预警和防范 ······· 30

第二章　国债风险及其防范 ······· 47
　　第一节　政府债务风险及其度量 ······· 47
　　第二节　国外政府债务风险及其管理 ······· 58
　　第三节　中国政府债务风险评估 ······· 67

第三章　社会保障性财政风险及其防范 ······· 83
　　第一节　社会保障性财政风险及其度量 ······· 83
　　第二节　国外社会保障性财政风险及其管理 ······· 90
　　第三节　中国社会保障性财政风险评估及其化解 ······· 100

第四章　金融性财政风险及其化解 ······· 116
　　第一节　金融性财政风险及其度量 ······· 116

第二节　国外金融性财政风险及其管理 ·············· 121

第三节　中国金融性财政风险的化解 ··············· 128

第五章　非金融性国有企业引发的财政风险及其化解 ······ 145

第一节　非金融国有企业财政风险及其度量 ········ 145

第二节　国外非金融国有企业财政风险及其管理 ··· 150

第三节　中国非金融国有企业财政风险的化解 ······ 160

第六章　地方政府债务风险及其防范 ··············· 168

第一节　地方政府债务风险及其度量 ··············· 168

第二节　国外地方政府债务风险及其管理 ··········· 175

第三节　中国地方政府债务风险的化解 ············· 187

第七章　建立平准基金，阻断风险系统性触发 ········· 199

第一节　财政风险平准基金概述 ················· 199

第二节　财政风险平准基金的设立与运行 ········· 203

第三节　财政风险平准基金的管理 ··············· 214

第四节　建立财政风险平准基金的路径选择 ········· 221

参考文献 ······································ 226

后记 ··· 235

第一章　财政风险与财政风险的化解

现代经济是一个到处充满风险的经济,也是一个风险不断分化分解的经济。财政作为现代经济社会中最重要的经济行为之一,它往往是社会经济风险的最后承担者。如何认识和化解财政风险,无论是保障经济正常运行还是应对经济社会危机都至关重要,也是政府最重要的经济政策工具。

第一节　财政风险与现代经济

在现代社会,金融、经济和政治乃至社会运行的风险都有归于政府财政集中负担的趋势,由此可能削弱财政政策的可持续性、政府的施政能力及公信力。在这种情况下,构建一个收集财政风险信息,进行分类、度量和评估,并充分研判这些风险,在此基础上采取措施,建立应急机制管理和控制财政风险已经成为政府财政管理的一项重要工作。

一、现代经济是风险经济

风险孕育着机会,现代经济是一个到处充满风险的经济。个人、企业、政府,每一天都面临着各式各样的风险。对于一个投资证券市场的散户来说,面对价格的随机涨落,被套牢甚至血本无归的例子比比皆是;对于一个企业来说,面对需求不断变化的市场,一旦决策失误或者行动迟缓,就会在商业竞争中败下阵来,甚至破产倒闭;对于一个国家来说,通货膨胀或者通货紧缩、失业人口的骤增、银行出现的挤兑风潮都可能引发严重的后果,甚至是社会动荡。这些活生生的例子彰显了现代经济的风险无处不在。

现代社会的经济风险一般具有如下的特征:第一,各种各样的风险无处不在,无时不有,任何的经济实体都无法回避。风险已经由一种偶发状态演化为一种全局性的普遍状态。现代交通体系的快速发展,已导致交通事故成为了生命的头号剥夺者;经济的快速成长与升级总是伴随着经济结构的调整以及工人的失业和企业的破产。第二,经济运行所产生的风险成为扰动经济社会的重要因素,1929年至1933年的经济大萧条使世界的社会生产力迅速倒退,大量的社会财富灰飞烟灭;1990年的日本金融危机直接导致了日本长达十多年的经济停滞,很多日本人直到今天还在承受着经济泡沫巅峰时期购入金融资产所遭受的财富缩水;1997年的东南亚金融危机直接遏制了亚洲新兴国家的经济增长;2008年爆发的美国次贷危机,所引发的金融动荡已经造成了近万亿美元的损失,并演变成全面的信贷紧缩,扰乱宏观经济,影响更广、更深。第三,风险积累的速度日益加快、传导性日益增强。全球经济通过产业链条紧密地联系在一起,随着产业分工的广化与深化,每一个环节所面对的不确定性都在增加,局部的风险积累的速度在加快,而且随着全球经济一体化,风险的传染性也大为增加,一个产业积累的风险可能很快传导到其他产业,一个地区积累的风险可能很快地传导到另一个地区,从一个国家传导到另一个国家。

二、财政风险及其分类

现实经济中许多难以进行有效控制的干扰因素都会导致政府收入减少或支出增加,使政府面临着大大小小的财政风险。财政风险主要指在财政运行过程中由于某些经济和社会因素的影响,使财政运行出现波动或混乱和危机的可能性。它集中表现为赤字和债务的膨胀,当这种膨胀超越一国公共资源的支付能力时,必然会导致一国政府财政的入不敷出、引发财政支付危机,进而引发一国经济、政治的全面危机和社会动荡。

(一)根据产生原因不同,财政风险分为自酿性财政风险和转嫁性财政风险

自酿性财政风险是由于财政工作和财政职能错置,致使财政职能的实现程度下降的可能性。自酿性财政风险是由于财政主体对财政工作背景和财政自身职能认识偏差造成的制度性缺陷和各财政主体主观失误或不匹配引发的风险。从风险酿造主体来说,所有财政运行环节都可能是产生财政风险的根源,包括国家权力机构,比如议会,作为有关财政法律的审查和通过者,其颁布的财政法律有可能违背社会经济发展规律,影响财政职能的实现;也包括国家各级行政机构,它们是国家预算的执行者,也是众多财政法规的颁布者,它们的财政行为也可能出现失误;也包括财政、税务管理机构,它们作为政府职能部门,它们是财政工作的具体实施者,它们对相关法律的理解程度、执行程度等,也会影响到财政应有职能的实现程度;也包括中国人民银行、海关、各事业单位、财政投资的使用单位等,因为多种原因它们的涉财行为有可能偏离财政职能的本质要

求。从风险内容上看,自酿性财政风险由制度性财政风险、执行性财政风险和监督性财政风险组成。制度性财政风险是由于涉及财政分配的相关法律、规章制度等不符合财政职能本质要求而形成的风险,如税权划分、税制设计、税负分布等不合理引发的财政风险。执行性财政风险是财税部门和相关部门的具体工作偏离有关法律规章制度的要求而形成的风险,如税收征管纪律松弛造成减收、支出方式不合理造成增支、业务不熟练造成违反财政政策要求、部分涉财人员的道德风险给国家财政造成损失等。监督性财政风险是由于相关部门及人员监督不力,使引发财政风险的行为不能得到及时纠正而给国家财政造成的损失。

转嫁性财政风险是由于其他风险向财政风险的转移,致使财政职能难以正常实现的可能性。其风险的存在种类很多,包括自然性财政风险、社会性财政风险、金融性财政风险、非金融性企业财务引致的财政风险、经济周期引发的财政风险、社会保障风险等。转嫁性财政风险是财政部门难以控制的风险,财政部门不可能拒绝其他风险向财政风险的转移。

(二)根据政府收支行为,财政风险可分为收入风险和支出风险

财政收入风险指在财政收入过程中出现不利于财政职能实现的可能性。首先,财政收入总量和财政收入结构的不合理,会产生一系列妨碍财政职能实现的负面作用。财政收入总量的不合理,会影响总供求的平衡关系,妨碍社会经济动力机制最大化,阻碍经济发展,影响财政稳定。财政收入结构的不合理,会妨碍社会经济结构和国民经济结构的合理化,影响国民经济成长速度,不利于财政资源配置职能的发挥。其次,财政收入的频繁波动、财政收入的超速减少与增长、财政收入结构的不均衡,都会妨碍财政职能实现,累积财政风险;再次,不论财政活动的制度性收入波动,还是管理性收入波动,都可能成为财政职能实现的消极因素。

财政支出风险是指在财政支出过程中出现妨碍财政职能实现的可能性。财政支出总量过大,有可能将国民经济拖入需求膨胀、物价飞涨的境地;财政支出总量偏小,有可能降低财政对各项社会事业发展的资金保障程度,直接妨碍财政职能的实现。财政支出结构过分偏重于资本性支出,就会过分挤压消费支出,被动地提升国民储蓄率,进而引发社会性消费需求的不同,影响国民经济的可持续发展;反之,过高的消费支出,偏低的资本性支出,又会动摇经济长期发展的后劲,不利于社会经济的可持续发展。

(三)根据财政风险发生的领域不同,财政风险可分为自然性、社会性、经济性和政治性四类

自然性财政风险是由于自然原因给国家财政运行所造成的不确定性影响,主要是各种严重的自然灾害,如洪涝、干旱、地震、风沙等。主要体现在三方面:一是灾害发生时间的不确定。有的年份风调雨顺,有的年份灾害频繁,这是自然界的自然波动状态。二是灾害程度的不可预知性。有的灾害涉及较小范围,有的灾害影响全国甚至全球,人类社会对有些灾害可以实现一定程度的预测性和控制性,其危害可能较小,但大量灾害人们很难预测和控制,其造成的危害就比较大。三是自然灾害造成的损失向财政系统转化的方式和程度存在不确定性。财政救灾程度受财政能力、灾害程度、企业和家庭承受能力等多方面因素的影响。

社会性财政风险是指由于某些社会不确定性因素所造成的国家财政运行的失灵和国家财政行为的失控。总体来说，社会性财政风险的表现形式多种多样，有社会稳定风险、社会安全风险、社会道德风险等等。面对越来越扁平化的世界①、越来越开放的经济体系、越来越透明化的社会管理，世界各国社会经济的各个领域都在经历深刻变化，工业化、城市化加速所产生的社会流动，使国家财政的社会稳定器和减压阀的平衡功能空前强化，这必然加大了社会风险对国家财政运行的冲击程度。

经济性财政风险主要是因为经济运行的不稳定和不协调，给财政职能的正常履行所造成的困难和影响。经济运行的不确定对财政风险的影响主要体现在：第一，经济运行周期的不规律性。由于影响经济周期性运行的因素经常发生变化，包括社会技术因素、经济体制因素、运行机制因素、消费层次因素、社会环境因素等，常使得经济周期的长度和波动程度呈现不规律的变化，进而影响财政收支的相应不规律波动。第二，由于外部性产品在社会发展的不同地区和不同时点所造成的社会运行成本的差异，使得国家财政对外部性的矫正程度出现偏差；第三，面对复杂多变的国际形势，各国政府承担的经济调整责任也在随时不断变化，经济调整的及时性和滞后性往往制约着政策实施的方向性和力度。所有这些，都使经济风险转化为财政风险的程度和时滞期都难以控制。

----

① 世界是平的，意味着在今天这样一个因信息技术而紧密、方便的互联世界中，全球市场、劳动力和产品都可以被整个世界共享，一切都有可能以最有效率和最低成本的方式实现。全球化无可阻挡，美国的工人、财务人员、工程师和程序员现在必须与远在中国和印度的那些同样优秀或同样差劲的劳动力竞争，他们中更有竞争力的将会胜出。参见，托马斯·弗里德曼(Thomas L. Friedman)著，何帆，肖莹莹，郝正非译：《世界是平的》，湖南科学技术出版社 2006 年版。

政治性财政风险是因为社会各政治力量相互博弈,相互竞争所造成的一国政治生活不和谐,[1]政权结构不合理,给国家财政的顺畅运行造成困难的可能性。政治是社会经济关系的集中体现,社会经济关系的不稳定会在不同程度上演化为政治性财政风险。

(四)根据财政的不同功能,财政风险可分为收入再分配财政风险、经济稳定性财政风险、社会稳定性财政风险

收入再分配财政职能是财政客观具有的矫正资源配置结构,[2]促进经济结构优化的职能。由于社会广泛存在的产品外部性和人们消费的非理性行为,致使市场机制中的价格和竞争两大核心机制往往处于失灵状态,这就影响了通过市场机制配置资源的有效性,也就影响了社会群体通过"帕累托改进"达到全社会"帕累托最优"状态的自然演进进程,使得政府"看得见的手"的再调节成为必然。但同时一旦把资源配置的职能转交政府手中,面对产品外部性程度、商品和服务间纵横交错的关系、消费结构变化的日趋复杂等社会现实,财政分配也会出现由于工具配置不合理,力度不恰当而导致财政再分配职能难以

---

① "和谐"一词本身就体现了社会各种政治力量之间的相互沟通和相互博弈,"和"代表一人一口"禾",意味着人人都有饭吃,也就是说各种社会团体都必须能争取到最基本的生存权利才能实现社会的"和"的状态;而"谐"代表人人"皆"有"说话"的权利,即在政治生活中都能够通过有效的渠道表达自身的利益诉求,体现在财政上就是财政预算的知情权、公共需求的表达权和对公共支出方向的话语权。由于财政预算体现是社会各成员的利益分配,因此也就成为各方关注之焦点。邢天添:《和谐社会与公共财政》,《广西财经学院学报》2007年第1期。

② 这里的资源配置是广义概念,包括社会经济资源在生产部门与非生产部门之间、不同经济部门之间、不同经济成分之间、不同产品之间的分配。

正确发挥作用的可能性,最终酿成财政风险。①

保证经济稳定与健康发展是财政所履行的协调社会总供求的均衡关系、相互协调发展、促进国民经济稳定发展的职能,包含充分就业、物价稳定、国际收支平衡等多重含义。凯恩斯早已论证了单靠市场机制不能自动保持经济运行总体协调的必然性,许多国家也利用财政政策对经济运行实施了宏观干预,取得了良好的效果。人们对经济周期性运行规律的认识未必深刻,对各种财政政策手段的作用过程、显效时滞等的把握未必准确,因此,无论是财政自身的"自动稳定器",还是相机抉择的财政政策,都未必能够适时、适度地熨平经济波动。在我们对经济波动的方向和趋势判断有误时,甚至可能与客观要求背道而驰,导致严重的财政风险。

社会稳定职能是财政客观聚合各类人群、维持社会秩序、保持社会稳定的能力。理论分析和各国的实践都证实,市场机制决定的收入分配结构必然出现两极分化的"马太效应"。② 但是事实上人们在收入分配的确切差距、差距过大的确切数值、缓解差距的方式选择、公平和效率的综合权衡等方面都存在很大差异,政策制定完全有可能出现偏差,调控力度也未必到位,难以将收入分配的差距控制在社会可容忍的范围内,危及社会

---

① 主要的风险酿制环节主要有三个:一是不同商品和服务的税负结构不合理;二是财政支出结构不合理,三是间接调节手段,比如贴息比例、价格补贴程度、财政投资比例、税收分配程度等的实施力度未能恰到好处。

② 马太效应(Matthew Effect),是指好的愈好,坏的愈坏,多的愈多,少的愈少的一种现象。名字来自于《圣经·马太福音》中的一则寓言。在《圣经·新约》的"马太福音"第二十五章中有这么说道:"凡有的,还要加给他叫他多余;没有的,连他所有的也要夺过来。"1968年,美国科学史研究者罗伯特·莫顿(Robert K. Merton)归纳"马太效应"为:任何个体、群体或地区,一旦在某一个方面(如金钱、名誉、地位等)获得成功和进步,就会产生一种积累优势,就会有更多的机会取得更大的成功和进步。此术语后为经济学界所借用,反映贫者愈贫,富者愈富,赢家通吃的经济学中收入分配不公的现象。

稳定。

（五）根据风险主体不同，财政风险分为中央财政风险和地方财政风险

国家由不同的政权层次构成，国家财政职能由不同的财政级次分别行使。由此可推，财政风险必然也体现在每一个财政层次中。中央财政风险指中央财政承担的职能不能正常履行的可能性。其主要表现有三种：一是中央财政收支出现失衡，赤字累累；二是中央财政为弥补赤字，进而大规模发行国债导致债务偿债率和国债依存度过高，存在无法偿还到期债务并引发通货膨胀的可能性；三是中央财政大量通过减少财政和国家应承担的职责，来勉强维持国家预算表面的平衡。

地方财政风险是地方财政承担的职能不能正常履行的可能性。与中国政权层次设置相适应，地方财政由省（自治区、直辖市）级财政、市（辖区的市）级财政、县级财政、乡镇财政组成。由于地方财政收入弹性低、财政负担重、增支压力大、地区财力不平衡等原因，许多地方财政不同程度出现了"事实赤字"。此外，为处理地方财政事实赤字和不允许发行地方公债的矛盾，地方财政一方面通过中央国债转贷地方，迂回地发行地方公债；另一方面，或者利用不列入预算的直接欠账（如欠发工资等），或者给应由地方政府和地方财政承担的职责打折扣，将地方债务隐性化。隐性赤字和隐性负债是地方财政风险的主要存在形式。中国目前最突出的财政风险层次是地方财政风险，有的财政级次，如西部一些欠发达地区的乡镇财政负债到了难以为继的地步，这已经不是什么财政风险，而是财政危机了。

(六)根据显露程度不同,财政风险分为显性财政风险和隐性财政风险

显性财政风险是在政府预算中明确能够显示的财政风险。显性财政风险的主要表现形式是预算赤字缺口的不断扩大。包括预算收支总量和结构不合理、分配方式缺乏效率、结余方向和数额不符合社会经济现状的要求、国债发行规模失控等。预算赤字的不断增长,从财政本身来说,有可能突破财政偿债能力界限,中断国债资金周转和预算良性循环的可持续性;从社会经济运行来说,有可能助长通货膨胀或通货紧缩,引发社会动荡。

隐性财政风险是未在政府预算中明确列示,暂时游离于国家预算之外的、但极具传导性且必须由政府埋单的财政风险。隐性财政风险的主要内容有:一是国家财政的隐形欠款,主要指政府有关部门使用财政资金购买社会产品和服务,却未及时给付款项的直接欠账,如工资欠发、政策性补贴挂账等;二是目前尚在非财政领域积累但最终要由财政埋单的各类风险,如金融风险、社会保障基金缺口风险、国有企业财务风险、国家安全风险、体制改革风险等,由于这些隐性风险之间存在很大程度的联动性,它们会在较短时间内,通过某一个或某几个出口,集中地、涌向财政风险,因此,隐性风险对国家财政的破坏性更强。

本书后面的章节将按照上述的财政风险分类,采取下图(图1.1)所展示的财政风险分析框架,对包括中央政府、地方政府、金融风险的主体——金融企业、社会事业单位、国有企业等与政府财政自身具有高度关联性和风险传导性的风险主体,自身各类财政风险的风险表现、风险度量、风险化解和风险管理等方面的内容分别进行阐述。

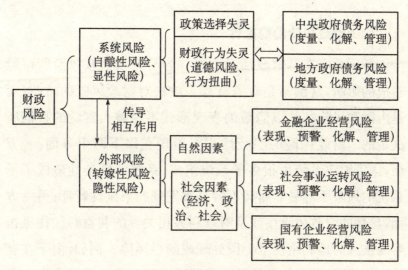

图 1.1 财政风险分类与分析框架

三、财政风险是一切社会风险的总埋单者

财政风险除了具有风险的一般特征外,还由于其涉及领域的特殊性而表现出与其他风险的明显区别。这些区别可以概括为不确定性、隐蔽性、普遍性、客观性、传导性等特征。这些特征决定了财政风险是一切社会风险的总埋单者。

(一)财政风险的不确定性

由于现代社会是一个复杂的巨系统,各种因素的相互作用和叠加是一种时刻处于随机变化中的常态,这就进一步放大了财政风险的不确定性。财政风险随时都可能由社会各个方面的制度缺陷、管理不当,政治决策失误、严重自然灾害或国家内部混乱中的一个或几个因素引起。由此可见,财政风险一旦产生便会具有不确定的特征。

11

(二)财政风险的隐蔽性

各国政府在其财政活动中往往容易忽视财政风险所可能造成的影响,这倒不是政府有意识放松对财政风险的防范,而是由财政风险往往以隐蔽的表现形式不易被人察觉的特征所决定的。财政风险的隐蔽性主要表现在以下两个方面:一方面,国家财政系统由很多子系统组成,系统的复杂性造成了子系统的风险不容易显露和不容易被发现的系统性特征;另一方面,显性的财政风险在涉及财政利害相关者的利益时往往也很容易被人为地利用技术手段处理成隐性风险。例如,由于在官僚制体系下,下级公务员的工资奖励和职务升迁都是掌握在上级手中,下级公务员为了使自身利益最大化,往往不得不利用上下级之间的信息不对称,采取"报喜不报忧"的工作绩效信息报送行为,进而人为的掩盖其任内的各种工作失误或失职行为,最终导致各类政府失灵行为的隐匿,从而造成财政风险的隐蔽性。

(三)财政风险的普遍性

首先,任何国家都广泛存在着各类财政风险,不仅后发国家由于各种社会制度的变迁与不完善使得财政活动面临很大的风险,即使是公共财政制度相对完善的先发国家由于其自身发展的日益复杂、社会摩擦的不断加剧也同样会面临各式各样的财政风险;其次,从国家财政系统的构成来看,财政风险不仅存在于中央一级的财政系统中,而且由于地方财政往往承担着各类社会管理和提供公共服务的政府职能,使得财政风险遍布于地方的各级财政中;再者,财政风险普遍存在于财政分配活动的收入、支出和管理等各个环节中,表现为赤字风险、债务风险等多种形式,一旦财政风险形成往往体现出全局性爆发的特征。

(四)财政风险的客观性

风险的本质就是不确定性或受未知因素影响的随机环境的普遍存在,并不以人们的主观意志为转移。因此,财政风险也必然体现为一种客观存在,主要表现在两个方面:一方面,财政风险是财政系统运转出现问题的所面临的若干种可能性,它是客观存在,不以我们是否察觉为转移,这种可能性时刻存在;另一方面,财政风险的出现及其表现形式虽然呈现随机的特征,即人们无法精确的预知下一次财政风险的表征,但是财政风险的随机结果从整体上却呈现一种客观的概率分布,这种概率分布是客观的,并且也不以人的意志为转移。

(五)财政风险的传导性

财政风险的传导性主要体现在两个方面:一方面来源于财政系统外部风险的传导和转嫁,主要表现为财政可能承担的各种隐性和或有债务,包括金融风险、公共保障体系的资金缺口风险、国有企业经营性风险和各级政府的担保风险等;另一方面,财政系统本身内部各级政府收支活动所产生的风险传导,尽管在财政风险的纵向转移链条中,也存在向地方财政转嫁风险的情况,但由于中央政权是国家整体利益的集中代表,一旦地方财政出现难以化解的财政风险时,最终都会在中央财政风险中得到体现,所以,一般各层级财政之间的风险传递呈现逆向传导的特征,即地方政府的财政风险向中央财政逆向传导,比如,地方财政出现困难,必然通过转移支付制度影响到中央财政。因此,从以上传导机制可以看出,在整个经济制度中,财政是防范社会性公共风险的最后一道防线,而中央财政是所有公共风险转移给财政系统以及财政系统内部逆向传导的所有财政风险的最终承担者,财政风险所带来的损失具有社会性,决定了政府是最终埋单者。

第二节　财政风险的诱因及传导

财政风险是一种经济风险,也是一种公共风险。产生财政风险的本质原因在于政府其所承担的公共责任与其所拥有的公共资源不对称。按照公共责任与公共资源的搭配,我们可以得到如下的矩阵(见图1.2)。①

	公共责任确定	公共责任不确定
公共资源不确定	花不确定钱 办确定事	花不确定钱 办不确定事
公共资源确定	花确定钱 办确定事	化确定钱 办不确定事

图1.2　公共资源与公共责任搭配图

第一种情况"确定的公共资源"对应"确定的公共责任",这相当于"花确定钱、办确定事"。委托方和代理方的权利和义务明确,委托方和代理方都可以清清楚楚的知道对方的情况,因此,按照这样的合同行事,基本上不存在不确定性,财政风险发

---

① 事实上,公共责任和公共资源的搭配涉及公共委托—代理理论。公共部门的委托—代理关系实际上就把私人部门的委托—代理关系运用到公共部门后所形成的概念。既然,委托代理理论的中心任务是研究在利益相冲突和信息不对称的环境下,委托人如何设计最优契约激励代理人,那么公共委托—代理的突出特点就是公共部门内部的上级利用激励机制委托下级处理事物以及公共部门内部委托公共部门之外的组织和机构来协助公共部门完成相应的政策目标。

生的可能性也微乎其微。

第二种情况"确定的公共资源"对应"不确定的公共责任"，这相当于"花确定钱、办不确定事"。在这种情况下，委托方希望在既定的资源内让代理方承担更多的公共责任，而代理方希望在既定的资源内尽量少的承担公共义务，因此，在这种情况下就会出现因公共责任不确定而出现的各类博弈现象，由于博弈过程的最终结果往往不唯一，所以不确定性也必然会衍生。

第三种情况"不确定的公共资源"对应"确定的公共责任"，这相当于"花不确定钱、办确定事"。在这种情况下，委托方希望在既定的公共责任内让代理方耗费更少的公共资源，而代理方希望在既定的公共责任内尽量多的花费公共资金，因此，在这种情况下就会出现因公共资源不确定而出现的关于控制公共支出的各类行为，从而增加财政系统运行的"摩擦性"成本，并造成不确定性。

第四种情况"不确定的公共资源"对应"不确定的公共责任"，这相当于"花不确定钱、办不确定事"，这是一种最为复杂的情况。在这种情况下，不仅委托方会出于自身的考虑需要"考虑花多少钱、办多少事以及如何让代理人清楚地表达自身的想法"，同时代理方也会出于自身的考虑衡量"多少钱、办多少事"对自身是有利的，在公共责任和公共资源都无法确定，即行为主体的双重硬约束都具有弹性的情况下，财政支出的不确定性将会大大地增强，也就使在这种制度环境下的财政行为充满了风险。由此可见，正是由于公共责任和公共资源搭配的随机性和动态性，导致了财政风险形成原因的复杂性。

一、财政风险的诱因剖析

如果根据引发财政风险的本源不同财政风险的成因可为

外部原因和内部原因。从内部原因看,由于财政系统的实际运行和财政所应当履行的社会、经济职能的要求相左,致使财政职能无法实现、低效率实现所造成的社会福利的下降甚至损失。从风险制造主体来说,财政政策的制定者和财政政策的执行者都有可能成为财政自酿风险的始作俑者,例如,财政政策的制定者,作为有关财政法律的审查和通过者、财政应完成职能的规划者,其颁布的财政法律或财政政策有可能违背当时的社会经济发展规律,进而影响财政职能的实现;同时,作为国家预算的执行者,众多财政法律、法规的具体实施者,各个层级政府的财政行政机构,他们对相关法律的理解偏差、施政行为的扭曲等,都会影响到财政应有职能的实现。由于自酿风险是财政系统的内部风险,直接影响财政系统运行的方向性和系统产出,同时也由于其表现主要在财政政策制定是否合理、财政政策制定与执行衔接的是否顺畅,以及财政执行是否高效,这些都属于财政系统可控变量,属于人们在风险缓解的努力中可以有所作为之处,因此,尽力减少自酿风险是我们防范和化解财政风险的着力点。

从外部原因看,正是由于非财政风险向财政风险的转移,致使财政职能难以正常实现,才产生了财政风险形成的外部原因。一般来说,这种外部风险的转嫁是财政部门难以控制的风险,并且由于财政与政府之间的本质联系,也是财政部门必须承担的非财政性转移风险。转嫁风险在两个方面存在很强的不确定性,一是非财政风险的形成,主要指财政部门,甚至国家对非财政风险的发展程度难以控制,甚至难以准确评估,因此无法抑制其形成;二是非财政风险向国家财政的转嫁,主要指即使可以对非财政风险做出比较准确的评估,财政部门也不能正确把握它们会在多大程度上、多长时间内转化为财政风险。因此,我们应该对转嫁风险给予更多关注,研究相应的防范措施,特别是加紧构建控制非财政风险向财政风险转化的制度体系,最大限度地缩小转嫁风险的不确定程度。

(一)财政风险的外因

财政风险形成的外部原因很多,由于政府收入来源于各类经济主体,导致财政风险的主要外部因素包括经济周期性波动风险,社会改革成本的财政分担风险、分配制度和经济体系的风险传递等等,下面我们逐一进行分析。

1. 经济的周期性波动风险

在财政收支制度一定的情况下,经济增长和经济衰退会导致财政收支的波动,从而使财政收支及其平衡(主要是财政赤字)出现周期性风险:第一,经济增长带来的财政风险。一般来说,经济增长是降低财政风险的最好途径。但是随着经济增长加快,投资需求和消费需求会加速膨胀,进口增加,外贸逆差扩大。企业为获得更高的投资利润,不断扩大经营规模,增加债务;丰厚的利息收入诱导银行放松贷款质量监管,争先恐后地扩大贷款规模;投机资本趁机炒热股票、债券或地产,在此蒸蒸日上的经济环境下很容易产生泡沫经济和大量金融不良资产,这些都埋下了潜在的财政风险。第二,经济衰退带来的财政风险。如果说经济增长阶段产生的财政风险是潜在风险的话,那么经济衰退阶段产生的财政风险就是即期风险。当经济进入衰退阶段时,市场需求萎缩,企业盈利能力下降而收缩投资规模,或者因债务压力被迫破产,失业人数不断增加,社会经济非稳定因素增加。随着企业和个人的收入增长放缓,导致财政收入随之减少,这时,政府为扩大市场需求,促进经济增长,增加就业,实现社会和谐稳定、经济持续发展,往往采取积极的财政货币政策,相应地增加了公共支出,这就在扩大市场需求的同时,直接产生货币持续贬值预期和财政收支严重失衡,引发资本外逃和国家债务支付危机,甚至整个市场秩序混乱。

2. 社会改革成本引致财政风险

社会改革过程,在一定程度上就是打破原有的利益分配格局,为了保证改革的顺利进行,减少改革阻力,保持社会和谐稳定,政府不得不拿出一部分财政资金来补偿既得利益者的损失,将个人或特定部门所承担的市场风险转由政府承担和消化,一旦政府不能对社会经济的稳定和安全发挥应有的作用,不能为各项社会事业的发展提供物质基础,人们的安居乐业受到威胁,那么由此产生的财政收入困难和财政刚性支出压力所造成的财政风险就会像"滚雪球"一样膨胀和扩张。

3. 分配制度和经济体制的风险传递

经济体制和分配制度上的弊端会影响到各经济主体的积极性的发挥,导致社会经济运行缺乏激励,发展缓慢,间接增加财政风险。

首先,各国社会保障体系的不断庞大使得政府的连带责任日益加剧。即使像美国等先发国家也因为"银发浪潮"、"次贷危机"等因素的影响而日益出现运转危机,在不同程度上增加政府的隐性债务风险。

其次,分配制度的不合理也客观上导致了部分财政资金的浪费。先发国家尝试性地推行了绩效预算制度下的公务员绩效合同制,允许公务员在节约预算资金的前提下拥有预算剩余资金的自由支配权,并相应的发放绩效工资,但是常态下的公务员薪酬体系仍然是按职位、资历分配,干多干少在分配制度上体现不出来,这就大大地影响了公务员的工作积极性,造成行政效率低下,实际上就是变相浪费财政资金。

最后,国企、政府、银行"三位一体"的国有经济格局增加了政府的隐性债务风险和或有债务风险。国企和国有银行公产权特性使得金融产权边界无法清晰的辨认,"信贷软约束"等现象使得银行信贷资金直接或间接用于财政支出,银行没有实际意义上的经营风险,例如,20 世纪 90 年代,韩国政府为实现本国经济的快速发展,通过财政和干预银行信贷,不断地给大型企业财团财政资金和银行信贷资金的支持,使得韩国大型企业的资产负债率一度达到 70% 的风险高位,正是这种"三位一体"的发展模式直接催生了该国 1997 年的金融危机。同时,政府虽然不直接投款拨款支持企业,但经常为企业担保或提供保险承诺,这就形成一种隐性的预算开支或责任,直接增加了政府的隐性债务风险和或有债务风险。

(二)财政风险的内因

1. 财政制度的不完善

财政制度不完善对财政运行的不利影响主要表现在:一是财政收支制度不完善。有专家曾指出区分传统国家财政与现代国家财政的一个重要标准就是国家财政对非税收入的严格控制。传统国家财政收入制度的一个典型缺陷就是政府及相关部门在税收之外还存在大量的非税收入,形成了预算外、甚至制度外收入。这些收入的出现导致了预算外资金超常增长,而预算内收入大幅下滑的财政收入矛盾。二是财政支出制度的不完善。财政支出制度的不完善主要表现在财政支出效益低和重点支出资金被挪用,艾伦·希克曾指出区分前预算时代和预算时代的一个典型特征就是财政对预算支出的控制性,前预算时代由于预算制度的不完善,必然会出现公共支出的不规范。

2. 财政体制的不合理

财政体制主要调节的是不同层级政府之间的财政利益分配关系,也就各级政府之间财权与事权关系,一旦财权和事权范围的界定具有随意性,便会使支出缺乏有效的制度约束。按照制度经济学的观点,现行经济、政治制度性质不仅决定着公众的社会行为,而且也决定各类政府部门的行为。在财权和事权的划分中,一旦财权分配过分的向地方倾斜,就会出现中央财政政令不畅的结果,进而导致各地财政体系的各自为政;与此相反,如果地方政府在财权上缴中央的同时,事权不仅没有得到相应的调整,反而出现事权下移的状况,那就会明显加大地方财政的运行成本,使得地方财政不能不通过其他非正常、甚至违法的手段保障自身的运转,例如,通过政府投融资行为涉足赢利性的商业领域,与社会成员和企业竞争赢利性项目,这些都会造成财政风险的累积。

3. 政府行为的不规范

由于各政府部门官员的道德水平与专业能力直接决定着财政资源的使用效率,所以政府行为的不规范必然会导致财政风险的产生。由于各级政府的权力实际上是通过官员行使的,这在客观上要求政府官员不仅要正确行使权力,而且要抗拒被权力腐蚀。否则,赋予政府的权力就会转变为官员们谋取私利或集团利益的工具。例如,在中国,越是落后地区,越到基层政府,政府行为不规范的情况就越严重,主要表现在:一是片面追求政绩。一些地方官员为了突出政绩,实施"形象工程",向当地企业摊派,造成企业资金短缺,经营困难,严重影响了财源的有效增长。或借债实施"政绩工程",人为地增加财政负担。二是政策优惠无度。一些地方政府在培植财源和促进产业发展方面,明显高估了税收优惠政策的作用,很多情况下,发展经济的目标没实现,反而导致财源严重流失。

4. 财政监管不到位

财政监管不到位容易引发财政风险,表现在以下三个方面。一是财政收入管理松散。财政收入管理的松散导致了有法不依、执法不严、违法不究的现象普遍存在,财政收入随意性大,一些部门参与财政分配时为了部门利益,人为地使一些"收费"和"基金"流离于财政监管之外,国债转贷资金的违规使用,财政职能被肢解或弱化。二是财政支出管理的法制化水平低。支出管理没有做到科学化、规范化和制度化,增加了财政支出效率风险。特别是转轨时期,国家各项经济制度的调整不能及时到位,在某些制度、法规建设明显滞后的情况下,财政监管的不到位必然呈现常态。三是债务管理混乱。管理机构分散、各自为政、条块分割、责权不清,没有统一的规划和战略安排,很多地方和部门对贷款考虑的多,对还款则是能拖则拖,能赖就赖,加上政府任期变动和职位调动,甚至出现有人借债无人还债的情况。

二、财政风险的传导机制

政府都有追求最大预算的冲动,这种冲动必然会直接或间接破坏财政收支平衡,产生财政缺口。金融风险、国企亏损、地方政府债务危机最终都会扩大财政缺口,为了弥补财政缺口,

政府通常采用增加税收、提高税率、发行货币或者增发国债等
手段。但增税会对投资产生"挤出效应",过多发行货币会引起
通货膨胀,甚至导致社会动荡。从发展经济和稳定社会的目标
出发,增发国债就是很多国家政府的理性选择。但国债最终还
是要归还本息的,支付利息又会产生新的债务,有可能导致赤
字引发国债、国债加大赤字的恶性循环。当政府的债务积累到
一定的程度时,债务危机就会引起通货膨胀、资金外流,引发财
政危机。

　　可见,在财政运行的各环节中,财政收入风险和财政支出
风险是财政风险的源头。财政监管不到位、财政制度的不完
善、财政体制的不合理等因素都会导致财政减收风险和财政增
支风险。而且,政府体制问题所引起政府职能和财政职能的定
位不当和政府的不规范行为也很容易导致经济体制与经济制
度出现缺陷、管理水平低下、决策失误增多等政策效应。这些
政策效应会经常增强外部因素的不利影响,进一步增加财政风
险。自然灾害、生态恶化、金融危机、经济波动、体制摩擦、政局
动荡等外部因素也会产生财政减收风险和财政增支风险。由
此可见,经济和社会中的一些因素不断积累,都可能导致财政
风险,我们必须防微杜渐,提升风险意识,加强风险预警系统的
建设,强化风险防范水平,确保经济快速健康发展和社会和谐
稳定。

　　在中国,财政风险的传导机制如图 1.3 所示。

三、财政风险和金融风险的联动

　　经济运行表明,金融风险和财政风险高度关联,财政风险
的存在可能导致金融风险的加大,而金融风险的发生在某种程

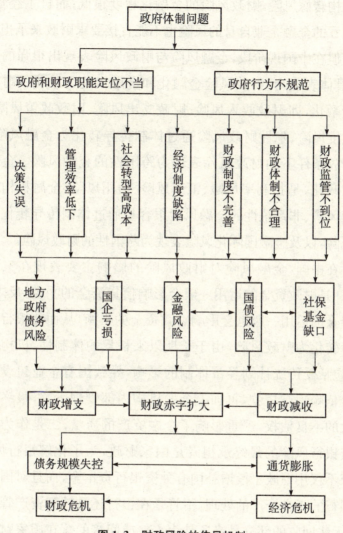

图 1.3 财政风险的传导机制

度上直接表现为财政损失。同时财政赤字风险最终导致通货膨胀风险,而通货紧缩缺口,必须由扩张性财政加以弥补。理论上讲在成熟的市场经济体制下,财政与金融的联动相对独立,不存在财政风险与金融风险的直接相互激发的问题。当出现财政风险时,财政一般无法通过透支等途径直接向银行等金融机构转嫁风险,财政风险的金融化程度很低;而自主经营、自负盈亏的金融企业自身的风险也不能直接要求财政来承担。

但在中国现阶段,金融风险与财政风险表现出很强的关联性,具体表现为:财政风险金融化和金融风险财政化。财政风险金融化,即财政收入风险、财政支出风险、财政政策风险、债务过度风险、隐性财政风险通过体制传导转化为金融风险,以及开放条件下的财政风险表现为跨国性的金融风险。金融风险财政化,是指利率风险、汇率风险、信用风险、金融机构重大经营风险、非系统性的金融风险很容易通过体制传导转化为财政风险,以及金融国际化风险表现为跨国性的财政风险。

在中国,金融风险对财政风险的影响主要表现在三个方面:一是财政资金的运用一般会影响信贷资金的平衡,反之,信贷资金的运用一般也会影响财政资金的平衡,从而使银行信用风险转化为财政风险,由于长期以来积累的体制性、机构性因素,包括受传统计划经济体制的影响,导致国有企业建设资金过分依赖银行贷款,再加上金融机构内部管理不善,最终造成庞大的不良债权,严重影响了金融资产的质量;二是作为国有独资银行风险的最终承担者是国家财政,为了化解银行风险,国家不仅用财政手段增补国有独资银行资本金,而且对国有独资银行的不良资产的处理,不管是在银行还是转到资产管理公司,无法回收的部分最终还是为直接或间接的落在国家财政身上,在这种情况下,金融机构的经营性风险就会直接转化为财政风险;三是各种金融资产价格的市场波动风险,也会通过利率体系、汇率体系、资本市场、国际金融危机传导等形式由金融领域传递到财政领域。近年来,中国证券、期货市场不规范的经营扰乱了正常的秩序,一直存在大量违法违规现象,一些证券机构和企业（包括上市公司）与少数银行机构串通，牟取暴利，将股市的投机风险引入银行体系；一些企业和金融机构逃避国家监管，违规进行境外期货交易，给国家造成巨额损失；上市公司不规范，甚至成为圈钱的手段，这些行为都在一定程序上加速了金融风险的集聚。[1] 由于金融在现代市场经济中的核心地位，其稳定程度关系整个经济的安全与可持续性，并影响到社会的稳定。从中国经济体制的演变过程来看，银行与财政的关系盘根错节、纠缠不清。[2]

第三节　中国现时的财政风险及其表现

面对"全球化"浪潮的洗礼，中国正处于从传统社会到现代社会的多元复合转型战略机遇期，这种转型复杂而深刻，并非一般意义上的磨合与调整，而是生产关系的解构与重组。在此变革时期，中国的财政风险必然呈现高发态势。在这里，我们仅从经济转型、政府职能调整和公共财政制度风险等方面对中国目前面临的主要财政风险进行分析。

一、经济转型引发的财政风险

财政风险尽管最终表现为经济体系运转失灵，但是引发风险的原因是各种各样的，面对中国的经济转型，财政体制变迁、

---

① 比如，从甘肃省兰州市到国家重点扶持的贫困县永靖县，沿公路两边的徐顶、陈井、三条岘三个乡镇位于山区，属于永靖这个贫困县中的贫困乡镇。但当地政府居然用财政资金在这条公路两边建立崭新的砖墙，墙面还被统一一涂成蓝色，并画上了图案，一些墙上还盖上琉璃瓦，煞是好看。当地政府称，这是绿化美化农村环境的"文化墙"。在2米多高的墙后，就是农民的土坯墙和破旧的院落。王琳：《谁来认定"形象工程"？》，《新京报》2008年9月4日。

② 赵兴罗：《论财政风险与金融风险》，《财政监督》2007年第13期。

国有企业的变革、财政与国有企业之间的关系调整等因素都直接影响着中国财政风险的形成与演变。

(一)财政体制变迁

新中国成立以来,中国的财政体制大体经历了统收统支(1950年至1953年)、分成制(1953年至1978年)、包干制(1979年至1994年)、分税制(1994年至今)等几个阶段。

在统收统支的模式下,中央处于绝对控制地位,地方财政由中央统一调配,收支两条线,收和支之间没有必然联系。这种制度下,地方政府倾向于尽力向中央争取更多的资金,导致对支出的激励大于对收入的激励,隐含着过度支出的财政风险。

在分成制的模式下,财政收入分为中央财政固定收入、地方财政固定收入、固定比例分成收入和调剂收入;地方财政的固定收入和分成收入弥补其经常支出,如果年终有结余,则不上缴中央,地方留用;如果不足,差额由中央财政划给调剂收入进行弥补。这种分成方式对支出没有界定,且分成比例一年一定,导致地方政府极力扩张支出、争取减少结余,争取中央补助的冲动以及极力提高分成比例的追求。

包干制财政体制一是各税种在各地区分布不一样,同时变动也不一样,有些税种的税收增长快,有些慢,导致包干期间各地收入增长差异大;二是核定收支以一年为基数,一年收支很难反映较长时期的一个地区稳定的收支状态,偶然性较大,一样导致苦乐不均,使财政分配失衡。

分税制改革就是按照"分税、分权、分征、分管"的原则,按税种划分中央税、地方税、中央与地方共享税,同时划分中央与地方各自的税权与事权,各自分设立金库账户管理。分税制一是依然没有摆脱基数法,原有财政收支基数仍是中央对地方转移支付的基础与依据。所以,现有的分税制仍带有过渡性。二是税权高度集中,地方政府没有税收立法权、发债权,没有形成"一级政府、一级财权、一级税权、一级发债权",因此导致了政府间财政分配结构失衡,县乡财政困难以及地方保护主义。

(二)国有企业改革

自1978年开始,中国进行了以国有企业改革为中心的经济体制改革,目的是通过放权让利,赋予企业利益自主权,逐步建立与市场经济相适应的企业的激励机制,提高企业生产的积极性。在20世纪90年代以前,主要是围绕国家财政与国有企业的分配关系来改革的,先后采取了利润留成制、利改税、承包制、分税制等一系列的改革。最终使流转税(与企业盈亏无关)成为国家财政收入的主要来源,而对企业盈利的收益权基本上留给了企业。这些改革扩大了企业收益自主权,但是也减少了国有企业利润上缴比率,改革的成本也主要由财政在承担,具体表现在国家以企业所有者身份参与企业利润分配的比例逐年降低。

90年代以后,国有企业改革主要围绕转变经营机制、完善治理结构以及国有经济的战略重组等方面进行。这个阶段的改革虽然不直接涉及国有企业与财政分配关系的调整,但财政的状况仍然与国有企业的经营状况息息相关。首先,企业上缴国家利税的情况和财政对国有企业的补贴数额仍然取决于国有企业的经营状况;其次,国有企业资产经营及管理状况对国有资产的保值、增值起到决定作用,从而影响国家的潜在财力;再者,国企改革过程中,剥离国企的社会职能、国企前期沉淀的银行债务重组国有资产流失等改革成本最终都要由国家财政来承担。

这些改革没有从根本上改变国有银行、国有企业内部的产权结构,国家财政、企业、银行仍然存在千丝万缕的联系,仍没有彻底摆脱政府的干预,利益和风险不对称、激励与约束不对称。企业拨改贷后积累了较高的负债,加之企业经营不善、亏损严重,还本付息负担日益沉重,经营十分困难。为了给国有企业解决这些困难,国家通过债转股、企业重组、剥离企业社会职能、下岗分流等措施,在一定程度上缓解了企业的各种负担,同时也引起了金融不良资产、社会保障问题的增加,形成财政的隐性风险,加大了财政的负担。

二、政策性财政风险

政策性风险是指在既定制度安排下,由于政策效应偏差,使得最终的政策效果与预先设想的政策效果不一致所引发的财政风险,不当的财政政策是财政风险由"量变"到"质变"的"催化剂",尤其在转轨期间,由于财政体制乃至整个经济体制本身仍处于明显的变化过程中,政策作用过程和作用机理还不健全,具体的政策实施程序存在不少漏洞,财政政策执行的效果往往偏离决策者的初衷,甚至走向反面,大大增加了政府在政策实施过程中的风险。

财政政策执行期容易引发风险主要表现在:

1. 政府投资的社会效益问题

中国当前政府投资并没有面向社会效益的全面提高,而是更多地关注经济效益,政府投资主体的投资界限和范围模糊,投资的效益评估缺位,政府投资没有专业投资机构具体负责。

2. 地方政府债务问题

地方政府通过各种方法累积了巨额缺乏透明度的隐性债务,但官方统计数据无法真实反映中国政府债务规模,据粗略估计,目前中国县乡两级政府负债为 8 000 亿元左右,加上省市两级政府的负债,中国地方政府负债总额约为 3.4 万亿元。

3. 社会保障体系建设问题

财政是社会保障风险的最后承担者,收入和支出两方面支持社会保障基金。财政在以补贴的形式允许企业交纳的社会保障费在税前列支后仍不足支付的部分,必须从财政其他收入中拨付资金,尤其是目前中国社会保障中的社会救济和社会福利没有独立的收入来源,只能依赖财政支出。

三、公共财政的体制性风险

财政体制风险是指财政体制的不确定性或其自身不科学、不合理的缺陷,有可能导致某级政府或整个政府体系出现财政风险,甚至财政危机,可能会给国民经济造成损失,由此造成的损失包括体制造成的各种弊病便是财政体制风险的表现形式。

1. 财政体制的历史变迁及其风险分析

统收统支体制下,中央与地方行为缺乏一致性和协同性,对支出的激励大于对收入的激励,隐含着财政风险;统一领导、分级管理模式下,分成比例一年一定,各级政府收支规模难以确定和预期,增加了收支的波动性;分级包干的财政体制下,中央地方分配关系具有很大的随意性和弹性,仍然缺乏法定性、规范性;“划分税种、稳定收支、分级包干”体制下,各地收入增长差异大,财政分配失衡;财政包干制下,中央财力下降,宏观调控能力弱化,强化了地方利益。

2. 分税制财政管理体制的风险分析

中国现行的分税制财政管理体制带有明显的过渡性,省级以下财政体制并不完善,政府事权及相应支出责任范围缺乏科学合理的界定,在促进政府经济行为合理化方面的作用尚未充分发挥,地方税收体系不健全,转移支付制度不够科学、规范[1],均等化功能弱等一系列现实问题,直接影响着公共财政体系下公共服务均等化目标的实现,更使得建设社会普遍服务体系的政策构想难以实现[2]。这些因素都导致了现阶段中国政府间财政分配的结构失衡和县乡财政困难,加大了财政风险。[3]

第四节　财政风险的预警和防范

防范财政风险,保持财政的稳定可持续已经成为一个世界性的课题,随着中国社会主义市场经济体制的不断完善和不断频发的国际性金融危机的影响,近年来中国对财政风险的研究也日益深入,并引起了社会各个方面的关注。因此,研究中国现阶段所面临的财政风险程度、建立起一整套有效的风险预警机制势在必行。

一、财政风险的度量

传统上衡量一国财政风险,主要从三个方面进行考虑:第一,衡量一国的财政收入风险,其主要指标有财政收入占国内

---

[1]　中国目前的转移支付主要是采用税收返还的方式,明显不利于财政均衡地区的财力差异,越富的地区获得的转移支付越多,急需财政支持的贫困地区反而获得更少的转移支付,这样的结果一方面与转移支付制度的目标不符,另一方面又加大了不发达地区的财政风险。

[2]　现代社会所提供的普遍服务至少应包括两个层次的内容:人文社会普遍服务和基础产业社会普遍服务。提供人文社会普遍服务,从最根本上维护所有社会成员的基本生存权、发展权、受教育权、迁徙权,如保证一定生活质量的实现、提供较好的医疗卫生条件、创造普遍范围内的受教育机会、建立自由的职业流动机制等等。提供基础产业社会普遍服务,要确保社会成员享受基础产业或公用事业的服务机会的均等,且服务同质,"都能以承担得起的价格享受服务,而且服务质量和资费一视同仁"。参见,许正中著:《社会多元复合转型:中国现代化战略选择的基点》,中国财政经济出版社 2007 年版。

[3]　杨志宏、郑岩:《我国转型期财政风险研究(下)》,《财政监督》2007 年第 21 期。

生产总值 GDP 的比重,财政收入增长率、税收收入占财政收入的比重等;第二,衡量一国的财政支出风险,其主要指标有财政支出占 GDP 的比重,财政支出增长率、法定支出满足比例(财政支出结构风险)等;第三,衡量一国的财政的债务风险,其主要指标有债务依存度、偿债率、债务负担率、财政赤字率等。

　　传统的财政风险衡量指标主要是侧重于考察政府的静态而非动态、短期而非长期、局部而非系统、直接而非间接、显性而非隐性的债务,如果考虑到政府行为中大量存在的未来可预见性风险、存续期较长的风险、系统性风险、间接传导性风险、隐形债务、或有担保等日趋复杂的财政风险存在形式,那么运用上述的财政风险衡量指标就会出现问题。

(一)财政风险的矩阵分析

　　财政风险矩阵分析模型是用以描述政府在经济发展和全球化过程中面临的比以往更大的财政风险和不确定性。认为对一国财政状况的研究不能忽视政府预算之外所承担的债务,政府面对着四种财政风险,可以用两对概念的组合表示,具体见表 1.1。

表 1.1 财政风险矩阵

债务	直接债务(任何情况下都存在的负债)	或有债务(只在特定事件发生时的负债)
显性的(由法律和合约确认的政府债务)	1. 国家债务(中央政府借款和发行的债券) 2. 预算涵盖的开支(非随意性支出) 3. 法律规定的长期性支出(公务员工资和养老金)	1. 国家对非主权借款、地方政府、公共部门和私人部门实体(如开发银行)的债务担保 2. 国家对各种贷款(抵押贷款、学生贷款、农业贷款和小企业贷款)的法律担保 3. 国家对贸易和汇率的承诺担保 4. 国家对私人投资的担保 5. 国家保险体系(存款保险、私人养老金收入、农作物保险、洪灾保险、战争风险保险)

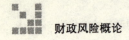

续表

债务	直接债务(任何情况下都存在的负债)	或有债务(只在特定事件发生时的负债)
隐性的(反映公众和利益集团压力的政府道义责任)	1. 未来公共养老金(与公务员养老金相对) 2. 社会保障计划,如果不是由法律做出硬性规定 3. 未来医疗卫生融资,如果不是由法律做出硬性规定 4. 公共投资项目的未来日常维护成本	1. 地方政府或公共实体、私营实体非担保债务(义务)的违约 2. 银行破产(超出政府保险以外的救助) 3. 实行私有化的实体债务的清偿 4. 非担保养老基金、就业基金或社会保障基金(对小投资者的保护)的破产 5. 中央银行不能履行其职责(外汇合约、货币保护、国际收支差额) 6. 其他紧急财政援助(如在私人资本外逃的情况下) 7. 改善环境、灾害救济、军事拨款

财政风险矩阵更新了对政府债务的传统认识,运用这一方法能够更真实地全面反映政府的财政风险状况,而且该矩阵还把谨慎原则引到了政府财政领域,这就要求对政府的各种债务引发风险应在预算决策过程中有充分的估计和准备。因此,财政风险矩阵分析对保持财政的稳健性和可持续性具有及其重要的意义。①

(二)财政风险的评估体系

在分析财政风险时所用到的指标主要包括:第一,财政状况指标:当前财政状况、政府财政涵盖范围、会计控制、资产负债表信息、或有负债、准财政活动。第二,短期财政风险指标:宏观经济变量的敏感性、债务结构、收入来源和支出结构、其他支出风险。第三,中长期财政可持续性指标:债务规模增长率、政府债务信用评级、人口结构变动、自然资源的枯竭速度、环境

---

① 董为:《浅谈我国现阶段财政风险》,《北方经济》2006 年第 8 期。

退化程度。第四,支出指标:非自主支出比例、军事开支的比例、支出缺口的衡量。第五,收入指标:无弹性收入、税源结构、税法变动频率、指定用途支出、非税收入依赖度。第六,财政管理指标:预算与决算的背离、缺乏中期财政规划、税款延误人库、应退税款的大量拖欠、低效的纳税登记。第七,政府效率指标,业绩低下、腐败行为等。

(三)政府绩效管理下的财政风险分析

为应对财政风险可能带来的财政危机,先发国家主要通过财政支出绩效评估的方法,意在通过提升财政支出的效率和效果来降低政府的运行和提供公共服务的成本、提升政府的国际竞争力和国际公信力,进而降低财政风险乃至财政危机发生的可能性。由于此种降低政府财政风险的方法,从一开始就是从整个政府绩效管理的角度来解决财政问题,因此所使用的方法往往具有系统特征。以最为典型的平衡计分卡①在政府绩效管理的应用为例,往往从政府绩效、公众评估、财政支出流程整合和指标评估与改进四个方面入手,并在政府绩效管理的战略规划、实施、评估以及变革的过程中实现管理因素和战略资源的相互协调,以保证整个财政预算支出的高绩效。

在这一分析框架(见图 1.4)中,政府绩效评估与管理以政

---

①　平衡记分卡(The Balanced Scorecard,BSC),是一种战略管理工具。最初应用于企业,是把企业的使命和战略转化为一套全方位的运作目标和绩效指标,作为执行战略和监控的工具,同时也是一种管理方法和有效的沟通工具,它由美国哈佛商学院罗伯特·S. 卡普兰(Robert S. Kaplan)和复兴全球战略集团总裁大卫·P. 诺顿(David P. Norton)于 1992 年发明。平衡计分卡的核心思想是通过财务、客户、内部流程、学习与成长 4 个方面指标之间相互驱动的因果关系,展现组织的战略轨迹,实现战略实施、战略修正的目标。平衡计分卡中每一项指标都是一系列因果关系中的一环,通过它们把相关部门的目标同组织的战略联系在一起。平衡计分卡的各方面指标具有业绩结果与业绩驱动因素双重涵义,是包含业绩结果与业绩驱动因素双重指标的战略管理系统。

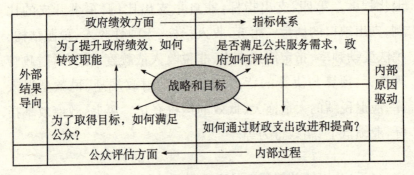

政府绩效方面 ——→ 指标体系		
外部结果导向	为了提升政府绩效,如何转变职能	是否满足公共服务需求,政府如何评估
	战略和目标	内部原因驱动
	为了取得目标,如何满足公众?	如何通过财政支出改进和提高?
公众评估方面 ←—— 内部过程		

图 1.4 政府绩效管理与财政风险衡量

府的战略目标为中心,按顺时针的逻辑顺序进行演进。首先,政府必须明确自身的战略目标与政府职能。政府绩效恰恰反映了政府管理的结果,即政府在管理运行过程中的表现和最终的结果,政府管理得好,国家和社会就能够认可政府的执政,管理得差就会招致不满,政府就需要改变现状,赢得全社会的认可。政府绩效是人们对政府绩效的关注,实际上是对政府职能的任务分解,就是关注政府需要"干什么"、"怎么干"以及"如何干得好"。尽管政府绩效这个概念表达的内涵丰富,简而言之,绩效导向的本质就是结果导向。政府管理的结果不只体现为效率,还体现为办事的效果等等,无论是效率还是效果,归根到底都是政府管理运行的表现和结果,其实施目的主要是降低政府成本,提升政府绩效,推动社会发展绩效。针对公众服务评估,满足公众的公共服务需求,增加公众对于政府的满意度,提升政府公信力,从战略上进行资源配置和利用,提升社会发展绩效,因此构建现代的服务型政府,结果导向是必然的选择;其次,为实现上述战略目标,政府会将自身的执政战略分解为具体的执行目标,建立职能部门的公共服务目标,实行标杆管理、高效管理的项目运作模式,利用公共资金使用绩效评估提高公共服务质量;再次,政府针对职能部门的公共服务目标,通过预算流程优化、绩效目标完成情况和下年度绩效目标计划形成反馈等机制的设计,将各公共部门要求达到的绩效目标和奖惩机制写进绩效合同。立法机构在执行预算编制和预算审查时会同时将财政资金使用数额和奖惩合同下达给政府财政部门。政府财政部门则根据财政资金可使用数额和激励合同把财政资金在各公共职能部门之间进行合理分配,同时将使用公共资金的绩效目标和奖惩机制写进激励合同。公共职能部门则会根据当初的预算安排和激励合同合理地使用公共资金,以最大化公众的期望效用。如果按照平衡计分卡的方法,政府的财政支出没有达到预期的效果,那么马上就可以按照平衡计分法所设计的四个因素分析财政支出效果低下的原因或者是财政风险诱发的因素,并马上改正;而如果政府的财政支出通过平衡积分卡的运作达到了最初的目标,那么就会满足社会各个阶层和组织的认同和满意,一旦达到这种财政支出效果,财政风险难以发生。

二、财政风险的预警

财政风险预警系统是由一系列指标体系和数据处理、输出方法构成的有机联系的整体。它是运用经济理论和各种数学模型及方法为主要分析手段,通过监测网络,利用监测预警指标体系、监测预警模型、监测预警结果对财政运行状况进行总体模拟、分析、预测和反馈研究,从而指导财政管理,促进财政经济持续、稳定、协调发展。财政风险预警系统是政府宏观经济调控信息系统的重要组成部分。

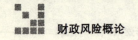

(一)财政风险预警系统的构成

财政风险预警系统包含"财政风险监测"和"财政风险预报"两个流程,二者相互贯通,连为一体。

1. 财政风险监测

财政风险监测,指国家或政府对财政活动的运行状况、管理过程所进行的监督、测定、计量、分析和评估。具体包括:(1)测定和分析财政活动的运行轨迹,研究其实际运行与期望状态的偏差及其趋势和成因,以为控制其运行提出具体的调控措施;(2)评估政府财政活动的过程和效果,督促其在制度和法律范围内恰当地履行自己的职能,贯彻国家财政政策、协调调控措施,并分析和测定这些政策和措施的实施效果;(3)分析财政系统环境的变化及其对经济运行和宏观调控的影响,评估开展财政制度改革的利弊得失,并研究相应的对策;(4)监测可能诱发重大经济波动和严重偏差的财政风险,为开展财政风险预报和防范工作提供依据,并指明问题所在。

2. 财政风险预报

这是狭义上的风险预警功能,主要体现为数据的变动和处理。财政风险预报,即对财政经济运行过程中可能发生的严重破坏经济运行,影响人民生活的主、客观的波动和偏差进行预报和原因分析,并为宏观经济调控提供警报和预警的对策及建议。

(二)完善中国财政预警体系

要做好财政风险的预警,我们就需要建立一套完整的财政风险预警系统,本书对建立和完善财政风险系统提出一些建议,以供参考。

1. 财政风险预警系统的运行机理及模块设计

财政风险预警系统主要通过数据输入模块、数据处理模块和输出模块实现利用警义、明确警情、分析警兆、寻找警源、预报警度等功能。

(1)财政风险预警系统的运行要素

根据财政风险警情的发生、发展的基本规律和宏观调控的客观需要,财政风险预警系统主要包括以下要素:

第一,设计警义。警义,即一些已设立并且可以由各区域按其特殊性重新组合的指标体系,及指标体系按其所反映风险类别的不同而构成的指标子系统。预设财政风险预警系统的指标参数,结合政府级次、区域规模、区域经济环境及统计信息的来源等因素做出参数筛选的原则、方法。

第二,明确警情。警情,即一些值得引起人们警惕的客观情况。在财政风险预警系统中,警情被量化、抽象为对警义的比较和警义的变动及其程度。这是预警过程的内容。

第三,分析警兆。警兆,即爆发警情必有的先兆。通过这一环节,财政风险预警系统实现了由抽象到具体的应用准备。财政风险预警系统的核心,正在于根据警兆来预报警情的程度。

第四,寻找警源。警源,即导致警情发生的根源。寻找警源,就是运用"从现象到本质"的科学方法,对数据资料进行反复的分析认证,并合理区分和离析不同警源的不同作用过程和作用效果。正是基于寻找警源的特殊性,财政风险预警系统将警义分为若干子系统。

第五,预报警度。警度,即反映"警情"的"警义"中所含的"警"的强度或程度。预报警度,就是根据警兆的实际变化,联系警兆的报警区间,参照系统预设的,或业已经筛选自行组合的警义及警限等级标准,监测风险程度,预测风险变动趋势。

(2)财政风险预警系统基本模块设计

财政风险预警系统共由 3 大模块构成,共同完成了数据的运转流程,如图 1.5 所示。

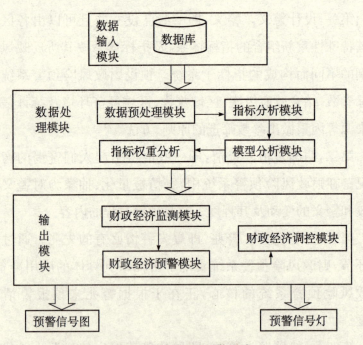

图 1.5　财政风险预警系统

第一,数据输入模块。由于财政风险预警系统只考虑量化指标,因此,这部分输入的数据应当符合"量化"的原则,并与已设定的指标参数一一对应，数据输入的来源有多种渠道，但必须保证计量上的准确性和统计口径与时间序列上的严格的一致性。

第二，数据处理模块。①数据预处理模块。这一部分是对系统已采取的数据进行正式运行前的预处理，即剔除各种非主要因素与随机因素的影响，展现分析主体的主要因素，从而达到科学刻画、分析对象的目的。②数据计算模块。计算模块，一般由"指标分析"和"模型分析"两个子模块组成，它们之间的桥梁是权重分析系统模块。指标分析模块，指对指标变量数据本身的分析与指标间关系的分析，它完成了对指标数据基本特性与指标群类子系统的统计分析。模型，即财政风险预警系统预设的预警模型，也可由实际工作进行调整。这一模块是指对财政经济运行状态进行刻画、描述、推断、评估和警情预报等的综合分析，它只有对经济态势进行综合监测和预警分析的功能。③权重分析模块。在研究各类指标体系中，权重分析是解决问题的关键，权重分析系统不同于传统的方法，它将所需要的有关诸因素都加以考虑，又对产生的结果加以修正、调节、控制，使之更适于财政风险预警系统的运用。

第三，输出模块。输出模块由三个目标子模块构成：财政经济监测、财政经济预警、财政经济调控。同时，输出模块的输出形式采用"信号灯报警"及"绘制图形"两种方法相结合。财政经济监测模块负责对已发生的经济现象及财政运行状况的评估。财政经济预警模块实现对财政经济中将要发生的波动及时发出警报。一方面是预测，另一方面是预警。通过图形显示，以利于对比分析。财政经济调控模块实现对整个财政经济指标的调节。通常采用"专家系统"或"政策模拟方法"实现对财政经济运行状态的有效控制。输出形式之一是通过图形来对所得结果进行形象直观的分析和展现。输出图形包括:散点图、曲线直方图、预警信号图。前二者可在同一坐标上绘制几个指标的图形,用于单指标趋势与多指标趋势的对比分析;预警信号图用于从图上一目了然地了解财政景气变动情况,并预测其走势。输出形式之二是预警信号灯。不同的警度对应的信号灯如表 1.3 所示。

表 1.3 不同的警度对应的信号灯

警度	无警	轻警	重警	巨警
预警信号灯	绿灯	蓝灯	黄灯	红灯
表示的风险级别	安全	轻度风险	严重风险	危机

2. 财政风险预警系统警义设计及子系统建设

在财政领域,目前还没有一套行之有效或付诸实施的风险评估与预警方法。在当前情况下,我们在研究中国财政经济内部运行机制的基础上,借鉴已有的宏观经济预警方法和金融危机预警方法,在建立财政风险预警指标体系的基础上,通过计算风险综合指数来反映财政风险状况。

(1)警义设计

财政风险预警系统构建了三层次结构的财政风险评估指标体系:第一层次是总体指标,即财政风险水平(A);第二层次是结构指标,设有反映宏观经济运行状态的指标(B_1),反映财政收支状态的指标(B_2),反映财政分配体制的指标(B_3),反映财政支出效益的指标(B_4);第三层次是分析指标,共设 23 个指标,分属第二层次各结构指标。具体情况如表 1.4 所示。

反映宏观经济运行状态的指标 B_1 主要有三个：经济增长率 $C_1$①、失业率② C_2 和通货膨胀率 $C_3$③。反映财政收支关系的指标 B_2 主要包括：赤字率 $C_4$④、国家财政债务依存度 $C_5$⑤、中央财政债务依存度 $C_6$⑥、国债偿债率 $C_7$⑦、国债负担率 $C_8$⑧、国债借债率 $C_9$⑨、居民个人的国债负担率 C_{10}⑩、国债偿还率 C_{11}⑪、外债负

① 经济增长率是末期国民生产总值与基期国民生产总值的比较。经济增长率也称经济增长速度，它是反映一定时期经济发展水平变化程度的动态指标，也是反映一个国家经济是否具有活力的基本指标。它的大小意味着经济增长的快慢，意味着人民生活水平提高所需的时间长短，标志着国家财政实力的高低，体现财政抵御风险的能力。

② 失业率是一定时期全部就业人口中有工作意愿而仍未有工作的劳动力数字。失业率一般是指失业人数占就业人数与失业人数之和的比重。失业率＝失业人数/(就业人数＋失业人数)。失业率数字被视为一个反映整体经济状况的指标，一般情况下，失业率下降，代表整体经济健康发展，表明用于失业救助的转移支付减少，财政风险降低；失业率上升，便代表经济发展放缓衰退，用于失业救助的转移支付增多，财政风险增大。

③ 通货膨胀率为物价平均水平的上升幅度。通货膨胀率＝(现期物价水平－基期物价水平)/基期物价水平。宏观经济是财政的基础，宏观经济运行状态良好，如较高的经济增长率、较低的失业率和适度的通货膨胀率下，财政风险是很难出现的，即使存在财政风险，也会由于经济繁荣而化解；反过来，如果经济衰退的话，很可能直接导致财政风险。中国在 1997 年经济进入通缩与增长放缓状态后，直接导致了 1998 年以后长达 7 年的积极财政政策的实施，使财政赤字、国债债务规模迅速扩大，导致和积累了财政风险。宏观经济对财政风险具有基础性和决定性作用，宏观经济指标，特别是经济增长率指标须占更大的权重。

④ 赤字率＝年度财政赤字/年度 GDP。《马约》把赤字率 3% 设为加入欧元体的成员国趋同的一个目标，但国际上没有公认的赤字警戒线指标。

⑤ 国家财政债务依存度＝当年国债发行额/全国财政支出。国际上一般以 20% 为警戒线。

⑥ 中央财政债务依存度＝当年国债发行额/中央财政支出。国际上一般以 25%～30% 为限。

⑦ 国债偿债率＝当年国债还本付息额/当年财政收入。

⑧ 国债负担率＝国债余额/当年 GDP。这一指标的国际警戒线一般为 45%。由于先发国家财政收入占 GDP 比重较高，一般在 45% 左右，而中国财政收入占 GDP 比重仅为 20% 多，中国的国债负担率控制线应当下调，以 25% 左右为宜。

⑨ 国债借债率＝当年国债发行额/当年 GDP，反映国民经济对国债发行的承受程度，这一指标一般控制在 5% 左右。

⑩ 居民个人的国债负担率＝国债余额/居民储蓄存款总额。这一指标反映了居民的应债能力。

⑪ 国债偿还率＝国债到期还本付息额/GDP。该项指标越高，表示国债期限结构不合理，债务偿还集中，政府面临还债高峰的风险越大。这一指标的国际控制线一般为 6%。

债率 C_{12}①、外债偿债率 C_{13}②、外债债务率 C_{14}③。反映财政分配体制的指标 $L_3$④ 的指标有：全国财政收入占 GDP 比重 C_{15}⑤。中央财政收入占全国财政收入的比重 C_{16}⑥。预算内收入占政府收入的比重 C_{17}⑦。反映财政支出效益的指标 B_4 的指标主要有：财政支出对财政收入的弹性 C_{18}⑧，财政支出结构指标，如公共投资性支出占财政支出的比重 C_{19}，社会文教支出占财政支出的比重 C_{20}，社会保障支出占财政支出的比重 C_{21}，行政管理支出占财政支出的比重 C_{22}，以及财政支出越位率 C_{23}⑨。

---

① 外债负债率＝外债余额/GDP。这一指标的国际公认安全线是 25%，它反映外债给经济造成的负担水平。

② 外债偿债率＝当年外债还本付息额/商品和劳务出口总额。它反映一国外债的偿还能力。这一比重高的话，表示偿还能力弱。这一指标国际警戒线为 20%。

③ 外债债务率＝当年债务余额/商品和劳务出口总额。该指标的国际警戒线为 100%。由于外债涉及外国债权主体，需要用外汇储备来偿还，而一个国家主要通过对外贸易和外资流入来获得外汇储备，途径狭窄，受制约的因素多，所以比国内债务带来的风险更大，爆发危机的可能性更大。不少发展中国家频繁陷入外债危机，而相应出现财政危机的较多。因此，外债风险指标在财政风险指标体系中地位重要而且特殊，应给予更大的权重，以反映其更大的影响力。

④ 财政分配体制反映了财政能力的大小与财政分配结构的合理与否：财政能力强，财政结构合理，承担风险的能力强；财政能力弱，财政结构不合理直接导致财政风险。

⑤ 这个指标反映政府汲取能力，是衡量财政风险的重要体制指标。

⑥ 这一指标是最重要的反映财政分配结构的指标，反映中央与地方的分配关系和中央政府的调控能力。

⑦ 其中政府收入＝预算内收入＋预算外收入＋制度外收入。这个指标反映了政府收入的集中程度，大量预算外收入和制度外收入的存在降低财政收入，肢解财政，会成为导致财政风险的一个重要因素。

⑧ 这个指标与财政赤字关系很密切，如果长期大于 1，则必然导致长期赤字与债务规模的扩大，是预测未来赤字与债务变动趋势的一个很有用的指标。

⑨ 财政支出越位率＝财政越位支出占财政总支出的比重等。反映财政支出效益的指标对于财政风险的重要性要小于前述各类指标，它们对财政风险的影响是间接的，影响力相对较小，应当给予更小的权重。

表 1.4　　　　　　　　　　　　财政风险评估指标体系

总体指标（A）	结构指标（B）	分析指标(C)
财政风险水平	宏观经济运行状态指标 B_1	C_1 经济增长率
		C_2 失业率
		C_3 通货膨胀率
	财政收支关系指标 B_2	C_4 赤字率
		C_5 国家财政债务依存度
		C_6 中央财政债务依存度
		C_7 国债偿债率
		C_8 国债负担率
		C_9 国债借债率
		C_{10} 居民个人的国债负担率
		C_{11} 国债偿还率
		C_{12} 外债负债率
		C_{13} 外债偿债率
		C_{14} 外债债务率
	财政分配体制指标 B_3	C_{15} 全国财政收入占 GDP 比重
		C_{16} 中央财政收入占全国财政收入的比重
		C_{17} 预算内收入占政府收入的比重
	财政支出效益指标 B_4	C_{18} 财政支出对财政收入的弹性
		C_{19} 公共投资性支出占财政支出的比重
		C_{20} 社会文教支出占财政支出的比重
		C_{21} 社会保障支出占财政支出的比重
		C_{22} 行政管理支出占财政支出的比重
		C_{23} 财政支出越位率

3. 财政风险预警系统评分及定级

科学测定和预报警度,是体现财政风险预警系统功能的核心内容之一。通过界定财政风险的警限,可以确保出台应对财政风险政策的及时性。

(1)测定和预报警度

开展财政风险预警的关键在于测定和预报警度。测定和预报警度,分为两个层次。第一层次:进行定量描述。定量描述,即确定反映警情指标的具体数值。例如:有些警义的数值表现是增减率,其计量单位为百分比,根据历史经验和经济理论就可以找出其极大值、极小值,然后,观察其实际数值在极大值与极小值之间的变化状况。在这一层次后,财政风险预警系统将进行第一次输出,输出形式如前文所述。第二层次:进行定性处理。定性处理即在第一层次的定量描述下,进一步将极大值与极小值的最大可能区间划分为性质不同的子区间,并使不同的子区间代表不同的警情、警限。

(2)界限的确定

对于任何一种监测预警系统来说,各警区的警限尤其重要,而重中之重则是"无警警限"的确定。"无警警限"的确定具体包括三种类型,这三种类型也正是"预警界限"的三种组合方式。第一种类型:无警警限区间由其下限决定,即无警警限以其下限警情指标以不低于某一数值为好。第二种类型:无警警限区间由其上限决定,即无警警限以其上限警性指标以不高于某一数值为好。第三种类型:无警警限区间为一特定区间,即无警警限由其上限、下限共同确定,其警情指标以某一特定区间内变化为宜。如:"社会保障水平"财政风险预警系统中各子系统可确定自己的最佳方案,但依国际惯例,建议采用第一种。事实上,财政风险预警系统引入不同系数使三种类型的绝对值均转为相对数。从而解决了这个形式上的不同。由于财政风险预警系统采用"预警警限"之第一种类型,因此,评级分数值越大表明警度越高,之后,财政风险预警系统将参数照前述输出形式输出。

三、财政风险的化解

在政府不断提高管理风险能力的同时,防范政府财政风险的根本途径是建立完善的财政风险管理机制。建立覆盖社会经济生活各个方面的风险责任约束机制,使社会中各机构、各部门及各级政府都有明晰的风险责任,形成一种具有法律效力的风险分担机制。这样,社会经济生活中的各种风险就可以在相应的层次和相应的环节化解,减少风险的积累和集中,从而达到控制财政风险的目的。具体可以从以下几方面考虑。

第一,清晰界定各级政府之间的风险责任,防止下级政府随意向上级政府转移自身应当承担的财政风险。对于最低限度的不可避免的救助,应建立一种制度安排。

第二,在优化政府各部门职责配置的基础上,重新审视政府部门之间的财政关系,明确各个部门的风险责任。

第三,建立政府债务统计评估制度,提高政府债务的透明度,尤其对政府的或有债务,应尽可能全面披露。

第四,建立政府财政风险预算。对于可量化的政府债务,应进入政府的预算安排。这要求改变现行的仅仅编制年度预算的做法,编制中长期预算,同时改变政府会计基础,逐步采用权责发生制,编制政府的资产负债表。

第五,控制赤字和债务的增长速度,并使之尽可能低于经济增长率,以防止财政风险的扩散。在化解已有的债务存量引致的财政风险的同时,要控制债务增量,降低财政风险的扩散速度。防范财政风险的重点是如何对未来的各种不确定性做出一个合理和科学的制度安排,以减少财政风险,并提高对财政风险的可控性。

第六,建立财政风险的预警体系。选取适当的财政风险预警指标,构建财政风险预警系统,对财政运行过程进行跟踪、监控,及早发现财政风险信号,预测面临的财政风险,能够使政府在财政危机的萌芽阶段采取有效措施,避免危机出现。

思考题

1. 名词解释

财政风险　财政风险的矩阵分析　财政风险的评估体系
财政风险预警系统

2. 思考题

(1)请简要论述财政风险的分类。

(2)如何理解"财政风险是一切社会风险的总买单者"?

(3)如何剖析财政风险的诱因?

(4)请简要论述财政风险的传导机制。

(5)请列举三种衡量财政风险的传统指标。

参考文献

[1]马凤鸣:《我国财政风险剖析》,《北京工商大学学报(社会科学版)》2007年第4期。

[2]刘尚希:《财政风险及其防范问题研究》,经济科学出版社2004年版。

[3]赵雪恒编著:《财政学》,中国财政经济出版社2005年版。

[4]李红霞主编:《财政学》,中国财政经济出版社2006年版。

[5]程艳:《对财政风险的理论研究》,《山西高等学校社会科学学报》2008年第1期。

[6]王美涵主编:《中国财政风险实证研究》,中国财政经济出版社1999年版。

[7]刘玲玲、冯健身著:《中国公共财政》,经济科学出版社1999年版。

第二章　国债风险及其防范

在货币经济和信用经济高度发展的今天,借款或举债发展已经成为十分普遍的经济行为。私人和企业举借的债务称为民间债务或者私人债务,政府举借的债务称为国债或公共债务。国债作为整个社会债务的重要组成部分,既是政府的一种经济信用,又是政府进行宏观经济调控的重要的政策工具。若政府债务负担过重,或运用国债调控经济失当,都会影响政府信用或影响宏观经济的正常运行。

第一节　政府债务风险及其度量

一、政府债务风险的基础理论

(一)古典学派的政府债务风险理论

古典学派有关政府债务风险理论以亚当·斯密为代表,主张政府无为而治,对政府发行债券持反对意见。首先,政府债务具有非生产性,政府债务具有非生产性会阻碍生产力的发展。亚当·斯密认为:"最初债权者贷给政府的资本,在贷给的那一瞬间,已由资本的机能,转化为收入的机能了,换言之,已经不是用以维持生产性劳动者,而是用以维持非生产性劳动者了"。① 其次,政府债务会加重国家和人民的负担。亚当·斯密认为政府债务会增加国家负担,因为偿债时将会加重人民的税收负担,认为政府债务弊害很大。最后,政府债务制度与税收制度具有不同的特征。亚当·斯密对这两者比较后的看法是各有利弊,但从长时间看,税收制度要优于国债制度,"只有在战争持续的期间,国债制度才优于其他制度",但战争时期毕竟是短暂的。

(二)新经济学派的政府债务理论

20世纪30年代的大衰退,是政府债务理论发展史上的重大转折点。凯恩斯在《就业、利息和货币通论》一书中指出,市场经济发生衰退和严重失业的原因在于有效需求不足,即消费需求和投资需求不足,要使市场经济保持在充分就业和繁荣的水平上,必须增加政府支出,削减税收,实行赤字财政,而赤字财政必然导致大量政府债务。但凯恩斯认为"举债支出虽然浪费,但结果倒可以使社会致富"。美国经济学家"功能财政"的创立者A. P. 勒纳在20世纪40年代明确提出了功能财政预算准则。根据其所谓财政政策的制定应着眼于整个经济体系,而不必拘泥于预算平衡的论点,推出债务消费资产效应理论。一方面,由于存在一种幻觉,使作为债权人的人们感觉到比以前富裕了,于是可能会增加消费支出;另一方面,人们的闲暇时间增加,从而消费增加,储蓄减少,因此债务资产的增加带来民间部门债权人消费支出增加的这种债务消费资产效应称为勒纳

---

① 〔英〕亚当·斯密著,郭大力、王亚南译:《国民财富的性质和原因的研究》(下卷),商务印书馆1974年版,第493页。

效应。

(三)开放经济条件下的政府债务理论

开放经济条件下的政府债务理论提出者约瑟夫·斯蒂格利茨教授注重以政府债务资金的不同用途去分析政府债务的负担问题。他针对20世纪80年代美国高额财政赤字和贸易赤字(所谓"双赤字")同时出现的现象,对政府债务理论做出不同于传统理论的分析。斯蒂格利茨引进了开放经济条件和资本市场要素来分析政府债务的影响机制,并以此成功地解释了20世纪80年代的"双赤字"现象。他从美国预算赤字、贸易赤字与政府债务的联动效应中,着重在金融机制层面上进一步丰富政府债务理论。

(四)公共选择学派的政府债务理论

公共选择学派创始人布坎南认为,每个国家的政府都有追求最大预算的冲动,而这种冲动势必会直接或间接地破坏财政收支平衡,产生财政"缺口",为了弥补这一"缺口",政府会有多种选择,例如增加税收、发行货币与增发国债等,但增加税收、提高税率会产生"挤出效应";发行货币则会引发通货膨胀与社会动荡。于是,在发展经济与稳定社会的双重目标的压力下,增发国债就成为一种成本较小的政府理性选择。但这是相对于短期而言的,从长远来看,国债是要还本付息的,付息又会形成新的债务。[①] 这样,当政府的债务量累积到一定程度时,债务危机就会引发通货膨胀、资本外流,全面爆发金融危机,即"赤

---

① 杜威:《中国经济转轨时期地方政府债务风险问题研究》,辽宁大学博士论文,2006年。

字引发国债,国债恶化赤字",最终增加财政的债务风险。

(五)"隐性债务"理论

政府债务理论的一个重大的发现就是政府"隐性债务"概念的提出,同时将财务管理的理论运用到政府债务管理上来,注重政府债务与资产的对应关系。在政府债务资金中,相当一部分资金用于公共工程和基础设施投资,这便形成了政府所拥有的各种各样的资产。1992年普林斯顿大学经济系的哈维·罗森教授提出隐性债务是由于政府承诺未来支付一定数额款项而产生的。[①] 伴随着全球经济一体化进程,经济环境的不确定性因素越来越多,特别是在发展中国家,政府存在大量隐性债务,随着隐性债务显性化,全球债务危机的不断出现。政府债务研究的范围进一步拓展,从而使社会公众对政府的债务活动的研究更加深入细致,要求政府债务活动公开化,加强了对政府债务支出的监督和约束。

二、政府债务风险的要义

国债(亦称公债)是指政府凭借其信誉,作为债务人与债权人之间按照有偿原则发生信用关系来筹集财政资金的一种方式,也是政府调度社会资金,弥补财政赤字,并借以调控经济运行的一种特殊分配方式。改革开放以来,中国改变了传统的既无内债又无外债的格局,政府以向国内和国外借债等方式,以弥补公共部门所出现的赤字。当政府主要通过发行以国家信用为基础的债券为公共部门赤字融资时,就可能会

---

① Jncob. A. Frenkel, Michael. P. Dooley and Peter Wickham, 1989, *Analytical Issues in Debt*, 1989.

产生债务风险,影响财政收支的平衡。如果政府主要是向国外举债,则可能会产生外债风险,使国家背上沉重的外债包袱。如果是主要向国内居民举债,也会加重财政负担,加大通货膨胀的压力。

政府债务按不同的分类方法进行划分通常有以下种类。

(一)按偿还期限划分,可分为短期、中期和长期公债

所谓短期、中期、长期并无绝对的划分标准。一般而言,1年以内到期的债券为短期公债,1～10年到期的为中期公债,10年以上到期为长期公债。其中,中期公债在各国政府发行的公债中占有较大比重。

(二)按发行地域划分,可分为内债和外债

政府内债是指国家在本国境内发行的债券。一般来说,政府内债是以本国居民和法人机构认购为主,内债的发行及还本付息也以本国货币进行,但也不排除外国居民在本国境内购买公债的可能性,同时,政府也可以用外币发行国内公债。因此,只要本国政府在本国境内发行的公债,不管其发行对象是否为本国居民,也不管其发行的货币单位是否以本国货币计量,都为国内公债。政府外债是指政府在国外的借款及在国外发行的债券。外债的债权人多为外国政府、国际金融组织和外国公民,也不否定本国侨民在居住国购买本国在国外发行的公债券的可能性。外债的发行及还本付息须以外币支付。外债的发行可以弥补国内资金短缺,加快国内经济的发展速度。

(三)按发行的主体划分,可分为中央公债和地方公债

中央公债是由中央政府发行与偿还的债务,也称作国债。

国债收入列入中央预算,由中央政府安排支出和使用,还本付息也由中央政府承担,用于实现中央政府的职能。地方公债是由地方政府发行和偿还的债务。债务收入列入地方预算,由地方政府安排使用,还本付息也由地方政府承担,地方公债的发行范围并不局限于本地区。

（四）按能否流通可将政府债务划分为上市公债和非上市公债

上市公债是指可以通过金融市场交易转让的公债,亦称可转让公债。这种公债流通性强,认购者可以根据金融市场上的行情和自身的资金状况随时在二级市场上出售和转让,因而对投资者很有吸引力,是各国政府筹集资金的一种主要形式,一般占全部公债比重的70%左右。上市公债按其偿还期限的长短可分为短期、中期和长期债券。非上市公债是指不通过金融市场交易转让的公债,按发行对象可分为储蓄债券和专用债券。储蓄债券是政府专门为个人购买者设计的,用于吸收居民储蓄。其发行期限大多较长,发行条件较为优惠以提高居民的投资积极性。专用债券是政府专门向金融机构（如商业银行、保险公司等）发行的不可转让的债券。这种债券具有一定的政策性、针对性和强制性,其发行条件的优惠程度往往低于储蓄债券,甚至低于上市公债,而期限却大大长于储蓄债券。这种债券的作用,一是为政府从某些金融机构稳定地取得资金提供工具,二是有利于中央政府调节货币供应量。

二、政府债务风险的度量

在评估一国由政府或公共财政承担的债务是否健全或存在危机的标准时,大都是采用国际通用的一些指标,如国债负担率、借债率、债务依存度、国债偿债率、居民应债率、赤字率等来衡量，并以国际社会公认的量值指标，如一般以是否超过3％的赤字率、15％～20％的债务依存率、10％的国债偿还率、60％的国债负担率等作为衡量一国国债规模是否达到危机的标准。

虽然这些国际通行的指标及其量值，固然是成为衡量一国国债规模风险程度的经验指标，但又是极其不全面的。其原因有以下几个方面：

一是中国与其他国家之间因财政体制不同，因此各指标间没有直接的可比性。如各种的政府隐性负债，国外由于预算硬约束而负债规模很小且透明，中国各种隐性负债的规模很大；国营企业的亏损，OECD成员国等经济先发国家是由国家预算承担的，因此包括在财政支出中，而中国却没有包含在内；中国预算外收入占财政收入的比重远远超过国外，但却没有包含在上面的各项指标中，等等。

二是由于各国国情和财政制度不同，证券市场的发育程度不同，因此会导致人们对国家财政风险预期各异。各国在各指标上的敏感性不一样，最终会造成相同分值的指标却产生不同的实际效果的差异，如意大利的国债负担率超过120％，却仍然没有出现债务危机，而一些发展中国家的国债负担率不超过30％，却出现了国债危机，就部分说明了这一点。

三是这些指标中的许多是可以调控的，它往往与政府在财政支出方面的制度安排有关。这一点在财政制度和支出范围弹性较大的发展中国家特别明显。如中国的国债负担率，就取决于政府是否采取积极的财政政策，取决于是否利用财政支出来支撑大规模的基础设施投资。如果不采取这种政策，那么，要降低中国的国债负担率就并不是一件很难做到的事。要降低一国的债务依存度和国债偿债率,只要提高税收占国内生产总值的比重就能比较轻易地做到。因此,单纯地以这些可以调节的指标来反映国债风险,并不具有完全的客观性。

在判断一个社会的国债规模是否存在风险危机方面,既要看其现有的实际由中央财政承担的国债规模是否超过了一定经济基础上的清偿能力,更要看财政支出是否履行了其基本职能和在何种程度上达到了目的,这两方面内容是相辅相成,有机统一的。由于手段是服从于目的的,因此在衡量一国的国债风险时,更应该着重于后者。为了具有可比性,可以将那些财政支出未能有效履行基本职能的部分,转化为满足职能所需的支出,即为了弥补原来缺失的职能需要追加多大的支出,并将这部分支出转化为(隐性)国债,以此来计算该社会的国债规模是否超过警戒线而具有风险。①

三、政府债务风险的预警

政府债务风险预警体系是国家对国债运行中的潜在风险进行全面实时监控,及时了解国债风险状况,查明风险原因的综合指标体系和分析系统。通过风险预警系统的运行随时知道国债规模所处的风险状态及其内部存在的风险和危机程度;并通过分析找到引起国债风险的根源,以便寻找对策。一个理想的国债风险预警体系,是一个高效的管理国债、控制风险的系统,在风险尚未形成或刚刚开始显露时有效做出预报,准确、迅速地确定风险性质、风险来源,从而使监督者及时采用防范

---

① 杨文进:《略论国债危机的衡量标准与我国的国债风险》,《福建论坛(人文社会科学版)》2007 年第 5 期。

和化解国债风险的措施,保障国家的财政安全。

国债风险预警体系的作用不仅是要指导政府财政部门分析现有的国债规模、预判国债未来的发展趋势和运行方向,而且更重要的是要实现有效的国债风险管理,为国债的风险管理发挥自身的职能,一般来讲,国债风险预警在国债风险管理中应实现下述职能:

1. 实时监测职能

通过准确收集国家经济和国债运行的各种相关信息,对国债存在的风险随时进行监测、识别、分析和判断,随时监测风险状态,对可能出现的风险或变动趋势发出信号,以利于国债风险管理人员实施发现风险及其原因,及时采取措施。

2. 控制危机职能

当通过监测发现风险或可能引发国债风险时,预警体系可以协助国债管理人员查明风险产生的根源,以便有的放矢、对症下药,制定控制风险的措施,防止风险的扩张和危机的发生。

3. 预知风险职能

在每年制定国债计划时,使用国债风险预警体系测度新的国债计划是否合理。一旦可能造成风险,可以及时发出预告,提醒管理决策者对国债计划采取有效的应对措施回避和制止风险,防患于未然。

建立一个良好的国债风险预警体系,必须要具备完整的内容和系统的程序,在此基础上才能实现风险预警的职能和目标。

为保证风险预警便捷和覆盖效果,可以借助计算机网络和设计风险预警软件来实现国债风险管理的目标和任务,建立良好的国债风险应对体系。

四、政府债务风险的化解

政府债务风险的化解是解决政府债务风险的重点。根据上面提出的一些问题,这里我们分三个方面来化解政府债务风险。

(一)加强国债管理,提高国债资金使用效益

首先,尽可能降低国债的举债成本。目前,中国国债举债成本主要由两项构成:一是利息支出;二是推销和兑付的手续费支出。通过分析现状可以发现,老百姓已形成购买国债的习惯,甚至出现了抢购现象,这是国债信誉和流动性的提高,加之国债利息免征个人所得税,而银行储蓄利息要缴纳个人所得税等制度因素导致的结果,所以本书建议降低国债发行利率,甚至可以略低于同期银行存款的利率。其次,对国债资金使用的管理和监督要进一步进行强化。各级财政部门、财务管理部门和建设单位都要严格执行国债专项资金管理的各项规章制度和法规,保证专款专用,杜绝变相挪用等违法行为,并严格按照国库集中支付的制度要求,实施可以加快资金到位速度的国债项目资金直接拨付方式,从根源上防止资金被挪用截留和挤占等问题。与此同时,资金的划拨程序化管理要进行加强,在国债项目管理上,有效地结合起事前、事中和事后的管理,尤其是做好国债项目收尾工作,因此可以确保在建项目及时完工,发挥效益。例如,为了减轻中央财政的还债压力,降低国债风险,可以规定凡使用中央财政转贷国债专项资金的部门和地方,必须按照转贷协议所确定的转贷期限、数额和利率,切实保障转贷资金本息的按期如数归还。除此之外,为确保国债投资发挥预期效

应,应将对国债资金的监督检查力度予以加大,严格追究、查处擅自挪用国债专项资金,随意扩大工程规模、拖延工期或因工作失职造成资金损失浪费的有关领导和当事人的责任。

(二)建立和完善国债风险的预警和防范机制

当前,我们应清醒认识政府债务风险及其危害性,增强风险意识,并采取积极措施,逐步建立国债风险预警和防范机制。首先,为了便于在日常财政工作中及时发现和解决出现的新情况、新问题,防止问题和矛盾的积累,采用科学的分析方法,确定科学合理的监控指标体系,建立财政形势预警系统,以便对财政经济运行过程进行全方位、全过程的监控。其次,防范和化解政府债务风险的要求也应在预算编制上得以体现。可考虑在每年进行政府债务风险因素分析的基础上安排财政预算时,拿出适当的财力用于化解已出现的风险因素。此外,应留有一定的后备财力对预算年度内可能出现的风险因素加以防范。最后,在以总预备费形式建立财政后备之外,还可以考虑为了共同构筑防范和化解财政风险、保障财政安全的有力屏障,专门设立一项财政风险基金,以建立稳固的财政基础。

(三)发挥国债资金的杠杆作用,提高防范国债风险的经济实力

由于政府的投资有限,但又要充分发挥财政投资"四两拨千斤"的杠杆作用,因此政府投资必须从运用单一的直接投资手段转向运用财政贴息、财政担保、财政参股等多种手段,并且从流向和流量两方面引导企业和个人的投资和消费。以近年来国债资金中贷款贴息的成功运用和 BOT 投资方式①（建设—经营—转让）的大力推广为例，一方面有利于扩大投资规模，拓宽投资来源渠道，减少"挤出效应"；另一方面更重要的是有利于在投资领域建立起竞争机制和风险约束机制，提高项目本身的动作效率。除此之外，为了进一步消除投资领域对非政府部门，特别是对民间资本的投资壁垒，财政部门应协同金融、计划等部门一起积极投身于优化非政府部门投资环境的工作之中。这样一来，不仅起到解决基础设施建设资金不足问题的作用，有利于打破"大锅饭"，改进管理，而且有利于将市场机制引入自然垄断行业，提高其效益和效率。

第二节　国外政府债务风险及其管理

20 世纪 80 年代以来，许多国家政府债务规模不断膨胀。各国基于自身的国情背景，分别采取了不同的管理模式和方法，既有成功的经验，也有失败的教训，这些公债风险管理的不同实践，为中国的公债风险管理提供了宝贵的经验。

一、美国政府债务及其管理

美国公债最早起源于建国初期大陆会议发行的战争公债。

---

①　BOT 是英文"build-operate-transfer"的缩写，译为"建设—经营—转让"，BOT 项目融资的基本思路是：项目所在国政府对项目的建设、经营提供一种特许权协议作为项目融资的基础，授予签约方的社会投资者（项目公司）来承担项目的投资、融资、建设、经营与维护，在协议规定的特许期内，项目公司拥有该项目的经营权，并通过经营，以获取商业利润，特许期满，将项目的所有权和经营权转交给东道国政府，在这种方式下，民营部门的发展将为基础设施融资并负责其建设，当建设完毕时，该民营部门就将基础设施的所有权转移给有关的政府主管部门，而该政府部门再以长期合约的形式将其外包给发展商。在合约规定的租期内，发展商经营这些基础设施向用户收费以取得合理回报。

1789年联邦政府成立后,把以前的内外债连同未付利息一起,都按票面价值换成了联邦政府长期国债,总金额约为0.75亿美元。此后,由于20世纪30年代的世界经济危机,联帮政府大量发行公债弥补财政赤字,再加上美国参加第二次世界大战支付了巨额的军费,到1946年,美国公债总额达2 694亿美元。战后,美国公债除少数年份有所下降以外,从总的来说,其数额是呈不断增加的趋势,而且增加的速度越来越快。1950年美国公债为2 567亿美元,1960年为2 900亿美元,1970年为3 826亿美元,1980年为9 307亿美元。进入20世纪80年代以来,美国公债增加更为迅速。50年代年平均增加1.1%,60年代年平均增加4.7%,70年代平均增加14%,而1981~1985年则每年平均以19.28%的速度递增。到目前为止,美国公债已突破了3万亿美元。

从债券类型来看,美国的联邦公债由上市公债和非上市公债构成。上市公债按偿还期限又分为短期债券、中期债券和长期债券三种。短期债券通常为3~6个月,最长不超过52周,其面额为5 000美元到100万美元不等。短期债券按面额打折扣发行,到期按票面价格还款,等于预扣利息。这种债券的特点是偿还期短、流动性大、面额可大可小、易于推销。因而它是美国货币市场上的重要信用工具。另外,还有一种临时性的短期债券,就是预付捐款券。发行此种债券的目的是吸收企业准备用于纳税而储存的资金,一方面,使这笔预付税款得以生息。另一方面,可以使政府在税收淡季也能收到一部分资金,而到纳税旺季时又可适度地收缩市场信用。偿还期为1~10年的财政部债据称为中期债券,10年以上的称为长期公债。这两种流动低、收益率高的债券,是美国资本市场上主要的信用工具。

非上市公债主要包括特别公债、储蓄公债、外国公债和投资公债。在非上市公债中占比重最大的特别公债直接分配给"政府投资账户",主要是联邦政府管理的 12 个信托资金账户,诸如:老、残保险金、国家劳务人寿保险基金、失业补助金、政府公务人员退休金、铁路职工退休金等。所以,特别公债发行数量变化直接反映信托基金的收入状况。按美国有关法令规定,当信托基金的收入大于支出的部分必须用于承购联邦公债,而当支出大于收入的部分则依靠出售联邦公债来弥补。可见,特别公债具有调节信托基金余缺的职能。

储蓄公债主要用于吸收公众持有的流动储蓄金。从 1935 年起发行过数次储蓄债券,目前只发行 E 类和 H 类两种。E 类债券按到期价格的 75% 打折扣出售,不付利息,最小面额为 25 美元,发行两个月后即可兑现。H 类债券按到期价格出售,每半年付息一次,最小面额为 500 美元,发行 6 个月后可以兑现,因此,其流动性与货币差不多。联邦政府一般是在通货膨胀或战争时期侧重于发行此种债券。

对国外发行的债券作为一种非上市公债主要用于吸引国际投资者的资金。在 20 世纪 70 年代中期由于发生石油危机,美国政府为了进口石油不得不向石油输出国增发外债,从而使 1975 年对国外发行的债券在公债总额中所占比重上升到 3.1%。石油危机过后,这一比重又开始下降,目前还不足 1%。最后在非上市公债中所占比重最小的投资债券主要是用于吸引州和地方公共机构的投资。从 1974 年起以 2.5% 的利率发行过的 A 种投资债券可以兑换现金,而在 1957 年起发行的 B 种投资债券则不能兑换现金,但可换成 5 年期的可转让债券。目前在联邦公债总额中投资债券只占 2%。

一般说,美国公债管理政策的目标有四个:(1)促进经济稳定;(2)降低利息成本;(3)在政府债券市场维持良好秩序,减少价格波动;(4)满足不同投资者的需求。而最为主要的目标是促进经济稳定和降低利息成本。

(一)美国公债管理与社会经济稳定

公债管理政策的实际作用过程我们可以表述成如下的逻辑链条:联邦公债期限构成变动→不同期限的公债利率变动→市场利率变动→经济活动水平变动。也就是理论界经常提到的"利率效应"(Interest effect)。

首先,财政部通过改变公众持有公债的构成,缩短或拉长公债期限的平均长度,进而改变联邦公债的期限结构。为缩短公债平均期限,财政部可发行短期国库券或中期公债,并买进或偿还长期公债,从而使公债总量中短期债券比重增加。为延长公债平均期限,财政部则用长期公债取代到期的国库券,使公债总量中长期债券比重增加。美国联邦储备系统通过公开市场业务来发挥管理公债的作用。假如联邦储备系统出售5亿美元的长期公债,同时买进同样数量的短期公债,银行的储备没有发生变化,但公众持有公债的期限却延长了。这时,由于不同期限公债的供求发生变化,各种公债的利率也发生了变化,并随之影响到市场上的利率。随着政府债券利率的变动,通过一系列资产相对价格变动所引起的不同市场利率的波动,私人证券市场利率也发生变化。

其次,市场利率的下降,意味着各种有价证券(如股票、公司债券等)的价格上升,有利于刺激投资,提高经济活动水平。市场利率上升,会起到抑制经济的作用。比如,当经济处于衰退或凋敝状态时,政府当局就推出有助于刺激经济的公债管理政策。这时,财政部和联邦储备系统的任务就是调节不同期限公债组合的供应量,以便形成能使私人证券价格最大化(利率最小化)的公债组合。通常,政府当局希望保持长期公债的高昂价格(低利率),以便刺激对私人长期证券的需求。而当经济出现亢进或超速发展时,政府当局又会希望公债管理政策对经济产生抑制作用。比如,在通货膨胀时期,公债管理政策的任务就是通过相对增加长期公债的供应,以降低长期私人证券的价格(提高利率)。

最后,从流动性角度讲,改变公债的期限构成也会影响社会的流动性大小,从而对经济亦起到刺激或抑制作用,也就是常说的公债管理的"流动性效应"(Liqui-dity effect),它从另一个角度"殊路同归"地阐述了与利率效应所达到政策效果的一致性。现在美国联邦储备系统把短期国库券列入货币定义中的范畴进行统计,如果在公债总量中,短期债券比例增大,就会引起社会中流动性增加,形成通货膨胀威胁,而长期债券比例增大则会产生相反效果。

(二)美国公债管理与控制利息成本

美国政府为达到减少利息成本的目标,选择了如下两种策略。一是短期利息成本最小化策略,另一个是长期的利息成本最小化策略。短期利息成本最小化策略是指在一个月或一个季度基础上使利息成本最小化。也就是说,在偿还到期债券时,政府当局必须考虑实际通行的市场利率,以便算出在这一时期全部利息成本最低的联邦公债组合。而长期的利息成本最小化策略与国库券的更新期有关。因为在这个"长期"中,到期国库券会更新好几次。所以，在这种情况下，既可以选择发行一系列短期国库券，也可以选择发行与一系列国库券加总期限一样的长期公债。因此，一项稳妥的长期策略就要考虑预期的利息成本，以及预计它们在各种公债组合中的分布，然后对这两项因素进行主观权衡，最后做出政策选择。

二、日本政府债务及其管理

日本公债比美国公债的发展史短得多，它只是最近30多年来的产物。1965年日本发生了战后第五次经济危机，工矿业生产连续下降，税收减少，财政出现赤字，日本政府不得不第一次发行了少量的公债。1966年，日本开始发行国家建设公债。1972年以前，日本公债的偿还期一般为7年，1973年后延长为10年。自1974年以来，日本经济受到世界石油危机的冲击，民间资本支出急剧减少。为扩大政府支出，增加社会有效需求，日本政府开始大量发行赤字公债，进入了"财政主导经济时期"。直到目前，公债利息支出仍然是日本政府财政支出中的主要项目。

（一）日本组合国债发行方式预控风险

日本在大量发行国债的同时，也制定了比较完善的国债发行机制。灵活多样地发行方式在一定程度上，保证了国债的顺利发行，其国债的发行方式有以下几种。

第一，国债认购银行团承购方式。

第二，公开投标方式。首先，政府在充分考虑国债认购的情况下，初步拟定发行条件及发行额，然后由认购者对国债发行条件进行投标。投标者在招标期间，向日本银行递交标书副本,银行根据国债的投标情况,决定中标者。超长期国债、中期利付国债、贴现短期国债均采用这种方式。用公开投标方式发行国债,大大推进了国债市场化进程,不仅有利于国债市场的规范化、制度化,而且更有利于通过公开竞争降低国债发行的利率,从而降低国债发行的成本。

第三,资金运用部认购。所谓的资金运用部是日本大藏省综合管理国家资金运行机构,资金运用部资金包括邮政储蓄金及卫生福利金、国民养老金等各种特别会计的公积金和剩余资金等,每年资金运用部都要承购一部分发行的国债,其承担份额大约占日本国债总额的 1/3 左右。这种认购方式明显带有意在调节各种社会事业基金余额平衡的政策意图。

第四,国债的日本银行认购与银团承购方式。日本借鉴国债市场比较发达的欧美经验,努力公开市场,采用竞争拍卖的方式发售国债,但是由于短期国债一直维持在较低的利率水平,投资回报率低,因此,使得大多数投资者对短期国债不感兴趣,例如 1955 年的公开市场上,短期国债的拍卖比率仅占其发行的 1.6%,在此之后,拍卖比率一直维持在较低水平,从而造成了短期国债主要依靠日本银行承购的方式发行。国债认购银行团一般由金融机构及证券公司组成。每年所发行的国债首先由认购银行团进行募集经办,其认购额在不足发行预定额时,其余额由银行团成员共同认购。① 虽然从以上分析中可以看出,银行承购国债的被动性,但是这种以银团承购的国债发行方式,由于承购团的规模和资金实力较为雄厚,实际上保证

---

① 日本 10 年期的付息国债和 5 年期的贴现国债均采取这种发行方式;20 年期的付息国债当初也以这种方式进行,从 1987 年 9 月起变成竞标方式。关于 10 年期的付息国债的发行,从 1989 年 4 月起除继续维持银行团认购制度外,其发行额的 40% 由银行团成员采取价格竞争投标的方式来分摊,从 1990 年 10 月起采取竞争投标方式的比例扩大到 60%。

了国债发行的顺利性和稳定性,从而保证了国债政策的顺利推行。

三、巴西政府债务及其管理

20 世纪 80 年代以来,巴西先后经历了三次大规模的债务危机,严重影响了该国的经济发展进程。第一次是外债危机。从 20 世纪 60 年代中期到 80 年代前期,巴西经济处于起飞阶段。由于国内资金积累不足,在国际金融市场大量举债。80 年代,第二次石油危机引发了国际债务危机,急速攀升的利率大大加重了巴西的还本付息压力,各州都被迫停止了对国外债权人的债务偿还,引发第一次债务危机。第二次是对联邦金融机构债务的偿还危机。1993 年,各州政府纷纷出现无力偿还联邦金融机构债务的违约行为,引发了第二次债务危机。第三次是债券偿还危机。1994 年巴西政府的稳定经济计划使年通货膨胀率从 1994 年的 92.9% 急剧下降到 1996 年的 9%。货币升值使得工资性支出和养老金等福利支出占各州政府收入的比重迅速提高 80%~90%,经济稳定计划中的紧缩货币政策使得各类债券的实际利率攀高。在上述双重压力下,州政府开始拒绝履行偿还其债券的义务,金融市场由此出现剧烈震荡,第三次债务危机爆发。

巴西经历了三次政府债务危机后,参议院签署了 78 号法案,加强了对地方借贷的监督和控制。该法案主要规定:地方政府不允许从该政府所有的企业和供应商借款;借款额必须小于或等于资本性预算的规模;新的借款不得超过经常性净收入的 18%,偿还成本不得超过 13%,债务总额必须低于经常性净收入的 200%;借款政府的财政收入超过非利息支出(基础性赢盈余）；曾违约者不允许借款；政府签发的担保余额必须低于经常性净收入的 25％；短期收入预借不得超过经常性净收入的 8％；除展期以外，禁止发行新的债券；债券到期时至少偿还余额的 5％，如果借款政府的偿债支出小于经常项目净收入的 13％，则必须在债务到期时偿还 10％以上的余额，或者将偿债支出提高到经济性净收入的 13％。1999 年，国家金融管理委员会又颁布了 2653 号规定，从银行供款方面对地方政府借款实行了一系列具体限制，授权中央银行以监管者身份控制商业银行对地方政府的贷款，同时授权中央银行具体执行参议院 78 号法案关于对地方政府借款监控的条款。所有向参议院提出的借款申请均首先必须提交给中央银行审查。中央银行在收到申请后 30 天内对地方政府财政状况进行分析，然后将申请和中央银行的建议提交给参议院。如果中央银行的分析表明申请借款的地方政府违反了 78 号法案的任何一条要求，便有权拒绝向参议院转交申请。

2000 年 5 月，巴西政府颁布了《财政责任法》，立法目的在于确立公共财政规则，强化财政及债务管理责任。主要内容有：一是重建一般财政管理框架。《财政责任法》及其配套法案，建立了三级政府在财政及债务预算、执行和报告制度上的一般框架，制定了操作性极强的规范地方政府举债的量化指标。二是通过需求控制和供给控制两种方式控制债务规模。三是提高政府透明度。巴西地方政府每年须向联邦政府汇报财政账户收支情况，每四个月须发布政府债务报告，这些报告由地方行政长官签署公布。四是严格惩罚措施。如不履行《财政责任法》规定的义务，对责任人将进行人事处分，严重的将给予革职、禁止在公共部门工作、处以罚金，甚至判刑等处罚。

第三节　中国政府债务风险评估

早在新中国成立初期,中国发行的国债多用于经济建设或国防上。改革开放后,国债发行的客观条件和人们的思想意识都发生了较大变化,这些新的探讨和实践活动为中国的政府债务管理和风险化解也提供了宝贵的经验。

一、中国政府债务风险的表现形式

政府债务风险是指政府债务的不确定性或其自身的缺陷所引发的各种问题及这些问题对经济、政治、社会的冲击和影响。具体而言,政府债务风险主要表现为以下几个方面:

(一)公共支出导致的债务风险

对教育、科技、农业等有关法律法规规定的法定性支出项目和数额增长过快,势必会进一步加大政府财政收支矛盾而使债务风险由稳转显。一是扩大义务教育及发展成人教育的支出。二是未来社会保障计划:该计划包括为公共行政事业单位的工作人员提供的社会保障,为国有企业职工以及非国有企业职工提供社会保障,为农村人口的养老、医疗、就业等问题提供社会保障等。三是未来公共投资项目:一般跨期较长,虽未以法律形式确认下来,但是这些都会安排在政府的计划之内。

(二)政府公共投资的债务风险

政府为了地方经济的发展、基础设施的改造和建设等原因,在自身财力有限的情况下,普遍通过举债融资来加大投入。

这对促进经济增长,加快社会事业快速发展无疑起到了积极推动作用,但这种直接负债目前已进入了还债高峰期,地方财政面临较大的债务还贷风险,同时对经济产生一定的负面影响。地方债务不断增加,造成债务规模攀升。①

(三)国债转贷和政府配套资金风险

实施积极财政政策后,中央财政向地方的国债转贷规模逐年增加,政府配套资金也呈上升趋势。虽然这种政策对刺激经济和扩大内需起到了积极的推动作用,但也大大增加了地方财政的债务风险压力。国家在拨付和转贷给政府国债资金时,采取的政策是国债专项资金、中央补助、政府拨付、银行贷款和其他配套资金投入相结合的制度。政府为争得国债资金,不顾地方经济发展需要盲目申报项目,国债项目配套资金不足导致大量半拉子工程的形成和银行不良贷款资金的累积。

(四)下级财政收支缺口造成的债务风险

近年来,县,特别是乡镇政府的债务风险尤为突出,主要表现为欠发工资、公用经费保障水平低等。中国地方各级财政的可支配财力与各级政府应履行职能的需要之间存在着很大的缺口。在经常性地收入不能满足需要而又缺乏正常融资渠道的条件下,政府就不得不通过一些另外的渠道进行融资活动,由此产生了大量的直接债务和或有负债,下一级政府的直接债务和或有负债都是上一级政府的或有隐性负债。

---

① 周浩坤:《地方政府债务风险的表现形式、成因及对策》,《经济管理》2004年第23期。

二、国债发行风险评估

1981年7月1日首次发行国债(国库券)48.66亿元。从80年代后半期以来,中国的国债规模明显扩大,特别是从1994年起,国家实行分税制的预算管理体制,《中华人民共和国预算法》规定,禁止财政部向中央银行借款,从而导致弥补财政赤字的方式只有发行国债一种。于是当年国债发行规模即高达1 175.25亿元,是1993年的1.59倍,以后虽经历小幅波动,但是发行量逐年增加的趋势已经形成,到2005年国债发行达6 922.87亿元。显而易见,中国国债规模已空前庞大,并且仍在迅猛地扩张。中国的国债规模是否合理,有没有进一步发行的空间? 中国的经济发展是否能承受得起? 中国会不会由此而债台高筑,引发债务危机? 这些问题都值得深入思考。

国债作为一种最可靠的有借有还的国家信用行为。决定了国债本身作为一种特殊的借贷行为和特定的财政范畴,对于国债债务人来说必须要进行国债发行规模的风险管理,把国债规模控制在适度的范围内。通常,根据国债购买主体的不同把国债风险划分为内债发行风险和外债发行风险。同时,出于国债发行总额和发行结构的不同考虑,又可以划分为国债发行总量风险和国债发行结构风险。

衡量角度 \ 应债主体	内债发行风险	外债发行风险
发行规模风险	内债发行规模风险	外债发行规模风险
发行结构风险	内债发行结构风险	外债发行结构风险

图2.1 国债发行风险评估矩阵

衡量一国的内债发行规模是否合理,国际上常用的指标有三个,即国债负担率、国债依存度和居民应债力。

内债发行规模适度与否首先要看它与整个社会经济的承受能力是否相适应。国债负担率是判断国债发行规模与整个社会经济的承受能力是否相适应的一个比较理想的指标。国债负担率是指一国的国债余额占国内生产总值(GDP)的比重,是衡量整个国民经济承受能力的指标。该指标着眼于国债存量,表示国民经济国家债务化的程度和国债累积额与当年经济规模总量之间的比例关系。它重视从国民经济总体来考察国债限度的数量界限,被认为是衡量国债规模最重要的一个指标。

欧盟各国签订的《马斯特里赫特条约》要求各国的国债负担率不得超过60%,被认为是各国债务规模的警戒线。近年来欧美发达工业化国家国债负担率普遍较高,均在50%以上,甚至超过了《马斯特里赫特条约》规定的最高警戒线。而新兴工业化亚洲国家的国债负担率也比较高,都远远高于中国的国债负担率,从表2.1可以看出,中国的国债负担率虽呈现逐年上升的趋势,但是与国际公认的60%的警戒线还较远,国债规模还有较大的拓展余地。

表 2.1 　　　　　　中国国债负担率(1985～2005 年)　　　　　单位:亿元

年份	内债发行余额	GDP	国债负担率
1985	60.61	9 016	0.67%
1986	123.12	10 275.2	1.20%
1987	186.19	12 058.6	1.54%
1988	278.36	15 042.8	1.85%
1889	334.43	16 992.3	1.97%
1990	427.89	18 667.8	2.29%
1991	627.19	21 781.5	2.88%
1992	1 022.83	26 923.5	3.80%
1993	1 337.61	35 333.9	3.79%
1994	2 366.18	48 197.9	4.91%

续表

年份	内债发行余额	GDP	国债负担率
1995	3 877.04	60 793.7	6.38%
1996	5 724.81	71 176.6	8.04%
1997	8 136.84	78 973	10.30%
1998	11 365.61	84 402.3	13.47%
1999	15 067.74	89 677.1	16.80%
2000	19 221.33	99 214.6	19.37%
2001	23 704.86	109 655.2	21.62%
2002	29 364.86	120 332.7	24.40%
2003	35 394.1	135 822.8	26.06%
2004	42 120.38	159 878.3	26.35%
2005	49 043.25	183 084.8	26.79%

资料来源:根据国家统计局《中国统计年鉴》2006年版有关数据计算得出。

如果按照国际公认的安全警戒控制标准线,中央财政债务依存度为25%～30%,国家财政债务储存度为15%～20%作为参照系的话,从表2.2可以看出,中国的中央财政债务依存度自1994年以来就一直超过了50%,近年来更是在70%～80%以上,国家财政债务依存度也从1995年就超过了国际上公认的安全控制线,虽然近几年有下降的趋势,但是仍然处在警戒线以上。如果进一步考虑中国实施的分税制改革在税收的划分及其分割比例上仍有一定的调节余地,以及大量预算外支出的存在,中国债务依存度有望大幅下降,但其数额仍明显偏高。

表2.2　　　　　　中国财政债务依存度表(1990～2005年)　　　　　单位:亿元

年份	当年国债发行额	当年中央财政支出	当年国家财政支出	中央财政债务依存度	国家财政债务依存度
1990	93.46	1 004.47	3 083.59	9.30%	3.03%
1991	199.3	1 090.81	3 386.62	18.27%	5.88%
1992	395.64	1 170.44	3 742.2	33.80%	10.57%
1993	314.78	1 312.06	4 642.3	23.99%	6.78%
1994	1 028.57	1 754.43	5 792.62	58.63%	17.76%
1995	1 510.86	1 995.39	6 823.72	75.72%	22.14%

年份	当年国债发行额	当年中央财政支出	当年国家财政支出	中央财政债务依存度	国家财政债务依存度
1996	1 847.77	2 151.27	7 937.55	85.89%	23.28%
1997	2 412.03	2 532.5	9 233.56	95.24%	26.12%
1998	3 228.77	3 125.6	10 798.18	103.30%	29.90%
1999	3 702.13	4 152.33	13 187.67	89.16%	28.07%
2000	4 153.59	5 519.85	15 886.5	75.25%	26.15%
2001	4 483.53	5 768.02	18 902.58	77.73%	23.72%
2002	5 660	6 771.7	22 053.15	83.58%	25.67%
2003	6 029.24	7 420.1	24 649.95	81.26%	24.46%
2004	6 726.28	7 894.08	28 486.89	85.12%	23.61%
2005	6 922.87	8 775.97	33 930.28	78.88%	20.40%

资料来源：根据国家统计局《中国统计年鉴》2006 年版有关数据计算得出。

　　一般来讲，一国内债的最终持有者主要是个人投资者，尽管没有准确的统计数字，但普遍认为个人投资者持有国债的比例在 60% 以上，因此居民储蓄是购买国债的主要资金来源，也是衡量国债投资者投资能力的指标之一。而居民应债力恰恰衡量的就是国债余额占当年居民储蓄存款余额的比例，反映的是国民的应债能力。国债应债率等于国债累计余额占当年居民储蓄存款余额的比例，从表 2.3 我们可以大致看出中国的国债应债率呈现快速上涨的趋势，特别是 1995 年～2005 年的十年期间，国债应债率从 1995 年 16.31%，飙升至 2005 年 53.16%，增长了 3.26 倍，这种居民应债比例的快速提升所带来的风险值得关注。

表 2.3　　　　　　　　中国 1990～2005 年国债应债指标　　　　　　单位：亿元

年份	内债发行余额	居民储蓄余额	居民应债率
1990	427.89	5 911.2	7.24%
1991	627.19	7 691.7	8.15%
1992	1 022.83	9 425.2	10.85%
1993	1 337.61	11 971	11.17%

续表

年份	内债发行余额	居民储蓄余额	居民应债率
1994	2 366.18	16 838.7	14.05%
1995	3 877.04	23 778.2	16.31%
1996	5 724.81	30 873.4	18.54%
1997	8 136.84	36 226.74	22.46%
1998	11 365.61	41 791.57	27.20%
1999	15 067.74	44 955.1	33.52%
2000	19 221.33	46 141.7	41.66%
2001	23 704.86	51 434.9	46.09%
2002	29 364.86	58 788.9	49.95%
2003	35 394.1	68 498.6	51.67%
2004	42 120.38	78 138.9	53.90%
2005	49 043.25	92 263.5	53.16%

资料来源：根据国家统计局《中国统计年鉴》2006 年版有关数据计算得出。国内储蓄余额利用的定期存款统计数据。

　　由于不存在风险定价的意识或方法，中国的国债利率是以银行存款利率作为定价依据的，国债利率成为银行存款利率的从属利率，为保证国债发行成功，政府甚至规定企业债券的利率也不得超过国债利率。这种利率倒挂现象，不但增加了政府的筹资成本和债务负担，而且导致融资结构既不合理又不科学，增大了国债的利率结构风险。国债市场是一个完整统一的体系，国债发行是其中的第一个环节，而国债发行利率结构风险则是国债发行风险的核心部分。

　　国债的期限结构选择受通货膨胀影响较大，高通涨时期，发行长期国债势必抬高筹资成本，而中短期国债的反复发行虽可以筹到长期资金，但其带来的消极影响是不可忽视的：一是国债年度发行规模滚动过快；二是国债实际筹资成本较高。低通涨时期则反之。

　　由于缺乏富有流动性的短期国债，中央银行和财政部为了执行宏观经济政策在国债管理方面的合作缺少必要的基础条件。因为财政部门主要着眼于宏观调控目标的国债管理活动，主要是通过调整、变动国债的期限种类构成来完成的，而央行是通过公开市场的业务操作来达到货币政策目标，主要是通过吞吐不同种类的政府债券特别是较短期的政府债券。如果市场上国债期限种类单一，甚至没有具有关键作用的短期国债，财政部门和中央银行在国债管理方面将无法合作，也就在一定程度上降低了宏观经济政策的效果，加大财政风险。

政府外债是指国家作为债务人，向外国政府和国际金融组织借款以及在国际金融市场上发行债券所形成的债务。中国的外债主要有两种：一是外国政府贷款和国际金融组织贷款。目前，中国已向日本、法国、德国等 20 个国家借用了双边政府贷款，其中日本政府贷款占有较大的份量。国际金融组织贷款，主要是世界银行贷款和亚洲开发银行贷款，此外，还有少量的国际货币基金组织贷款和国际农业发展基金贷款。在国际金融组织贷款中，世界银行贷款占 80％左右。二是财政部代表中央政府在国际金融市场上发行的债券。中国政府外债也称国家统借外债，按偿还方式分为统借统还和统借自还两类。统借统还外债由国家各借款窗口借入，中央财政承担债务的还本付息。统借自还外债由国家各借款窗口借入，转贷给用款单位，由用款单位承担债务的还本付息。中国政府债务的期限通常为 20～30 年。

中国对借用国外贷款实行较为严格的计划管理，对不同的外债分别实行指标控制和规模控制，对短期商业贷款实行额度管理和余额控制，严格控制短期资金流动，尤其是严格监控对股票、债券、期货等市场的介入。国家对外债实行登记制度，境内机构须按国务院关于外债统计监测的规定进行外债登记，国家外汇管理部门负责全国的外债统计和监测,并定期公布外债情况。由于管理比较有效,中国的外债规模相对比较合理。尽管如此,中国的外债风险管理也并非无懈可击,金融危机国家普遍存在的外债规模扩张过快的问题在中国也不同程度地存在。

一个国家能借多少外债,并不是没有限制的,必须要保证借款国国民经济的稳定均衡发展,保证外债的及时偿还,以及外债资源不断的合理流入,这就需要一个适度的外债规模。一般来说,外债的适度规模要考虑三个方向的因素:一是外债与经济结构和经济增长的协调;二是外债的经济效益,包括直接效益和间接效益,以及宏观效益和微观效益;三是外债的偿还。

如何衡量外债的风险,指标各种各样。根据世界银行《2008年世界发展报告》,目前世界上公认的衡量债务规模风险的指标主要有以下三个。偿债率:偿债率是指当年的外债本金和利息偿还额占当年贸易和非贸易外汇收入(国际收支口径)之比。这是衡量外汇收入的最重要的指标。国际上一般认为,这个比例保持在20%为宜,最高不要超过25%。负债率:负债率是指一国对外债务的负担程度,一般用外债余额与同期国民生产总值的比率来衡量负债率,这个指标是衡量负债率的最好指标。该指标的高低反映一国国民生产总值对外债的承受能力,一般认为适度比率应以20%为宜,最好不要超过20%。债务率:债务率是指外债余额与当年贸易与非贸易外汇收入(国际收支口径)之比。

表2.4显示上述三个指标1985～2006年期间的变化情况。从表2.4我们可以看出,1985年,中国外债的偿债率、负债率、债务率分别为2.7%、5.2%、56%,各指标均低于国际公认的安

全线 25％、20％、100％,在世界银行的 1999 年发展指标的统计中,中国被列为是较少对外负债的国家。在 1985～2006 年的 22 年间,中国的外债偿债率、负债率、债务率指标均低于国际公认的安全线,外债在现有的基础之上还可略有增加。但是东南亚国家的教训必须要牢记,1997 年的东南亚金融危机的一部分原因就是经济的增长依靠的是短期债务的迅速增加,应引起我们高度警惕。

表 2.4 　　　　　　　 1985～2006 年中国外债风险指标　　　　　　 单位:％

年份	偿债率	负债率	债务率
1985	2.7	5.2	56.0
1986	15.4	7.3	72.1
1987	9.0	9.4	77.1
1988	6.5	10.0	87.1
1989	8.3	9.2	86.4
1990	8.7	13.5	91.6
1991	8.5	14.9	91.9
1992	7.1	14.4	87.9
1993	10.2	13.9	96.5
1994	9.1	17.1	78.0
1995	7.6	15.2	72.4
1996	6.0	14.2	67.7
1997	7.3	14.5	63.2
1998	10.9	15.2	70.4
1999	11.3	15.3	68.7
2000	9.2	13.5	52.1
2001	7.5	14.7	56.8
2002	7.9	13.6	46.1
2003	6.9	13.7	39.9
2004	3.2	13.9	37.8
2005	3.1	12.6	33.6
2006	2.1	12.3	30.4

资料来源:《中国统计年鉴·2007 年》,中国统计出版社 2007 年版。

任何一个发行体在国际资本市场上发行债券,其筹资成本大致上包括两部分:基准利率和利差。所谓基本准利率是指美国财政部新近发行的国债在二级市场上的收益率。基准利率水平的高低与美国所处的经济周期阶段密切相关,具体来说它是由美国的财政预算状况、联邦储备委员会执行的货币政策以及国际金融市场上美元的资金的供求关系等共同决定的。利差,也叫风险和流动性补偿,是发行体对投资者承担违约风险和流动性风险的补偿。在国际金融市场上,美国国债被认为是没有任何违约风险的,而且流动性最强。而和美国联邦政府相比,其他任何发行体都可能有程度不等的违约风险和流动性风险,因此必须在支付基准利率的基础上,另外支付给投资者一定的利差作为补偿。利差的大小,则主要是由发行体的类型、财务状况和债券期限等决定的,并受到评级公司评定的信用等级和国际金融市场状况的直接影响。所以以美元为重心的外债币种结构具有一定的合理性,但又由于国际金融市场的瞬息万变,币种风险不可不防。

三、国债使用风险评估

国家发行国债的目的是弥补财政赤字或对到期国债进行还本付息。从中国财政复式预算结构来看,经常性预算基本上能做到收支平衡并略有盈余。这样,可以认为中国国债收入主要用于建设性支出。在国债资金的使用过程中,对可能会出现的因项目投资决策失误、项目管理不善等情况从而产生财政风险应给与适当的关注。从这个角度去考量,国债使用风险可以理解为在国债资金使用过程中,由于各种因素的共同作用,致使国债投资项目不能取得预期效益(不仅包括项目本身的财务效益,还包括宏观层次的社会效益和经济效益)的可能性。国债使用风险主要有以下三种。

一是国债使用决策风险。一个投资项目的确定,是由国家发改委会同有关部门根据国家经济政策导向并对各地方、各部门加以统筹协调后做出的。尽管如此,由于体制、管理等原因造成了投资资金软约束,出现了各地方、各部门争夺资金、争上项目的局面。这时候,因为各方面的原因,有可能会出现这样的现象,即项目在做出选择的时候就已经错了,无论接下来的工作做得多么出色,都无法改变这个项目的命运,如重复建设项目,它的结局只能是产品没有销路、企业陷入困境,国债资金使用难以取得预期的效益。国债使用的这种风险是在决策时造成的,可以称为国债使用决策风险。

二是国债使用管理风险。国债资金项目的立项并没有错,只是由于项目的管理人员自身管理水平和能力的不足,而导致了项目经营的失败,未实现预期的经济社会效益,这就是国债使用管理风险。当然,这种风险的产生也是项目决策人进行决策时因考虑不周全所造成的。1998 年 12 月份的《经济参考报》披露,用中央财政资金筹建的川西一化工厂历时数年仍然没有建成,13 亿元国家财政资金打水漂。其中很重要的原因就是管理人员素质低下,根本就不具备必要的管理水平。

三是国债使用道德风险。国债使用道德风险是指国债资金项目具体管理者为了自身的目标而背离企业、国家利益,导致国债资金项目收益下降,以至不能达到预期效益的一种风险。这种风险是由于管理人员的道德问题所引起的风险。在国债资金使用中,国债使用道德风险是最大的风险因素。产生国债使用道德风险的主体有多个,最重要的是地方(或行业)主管部门和国债资金项目执行人。由于监管不力,地方(或行业)主管部门会利用手中的权利挪用或不按规定用途使用国债资金。具体到国债资金项目具体执行人,也存在一定的道德风险。现代企业一般实行所有权和经营权两权分离,国债资金项目也不例外。其所有权归国家,而经营权则归项目具体管理者。管理者的利益和国家的利益一般来说是一致的,但有时候也会出现一定的偏差。这时候,国债资金的使用便会产生风险。管理者为了满足自身不断增长的私欲,不惜以贪污、受贿、公款私用等方式来侵蚀国有企业的资产,从而使企业收益下降、资产流失,形成了相应的道德风险。一些管理者为了给自己捞取政治资本,实现自身的政治目的,不顾经济发展规律,不按客观规律办事,盲目上马引进新项目,给企业和国家造成巨大的经济损失。这种道德风险具有很大的隐蔽性,危害极大。

四、中国国债偿还风险评估

国债偿还规模风险一般是指因某年还本付息额的膨胀而导致国债发行主体——政府不能清偿到期债务的可能性。可以看出,国债偿还规模风险其实在偿还前的若干年内就已经潜伏了,只是到偿还期才显现出来。

国债偿债率是指当年国债的还本付息额占当年财政收入的比率,即当年财政收入中用于偿还债务的部分占多大份额。反映着政府财政偿还举借债务的能力。一国财政偿债能力越大,政府举债的承受能力也就越大,反之则越小。由于国债收入是一种有偿性的收入,不论是用借新债还旧债的办法还是其他办法,它终归是需要偿还的,所以国债发行中要考虑到的一个问题就是国债发行将来的偿还问题,这是内债发行规模风险的一个核心部分。财政收入偿债率是一个反映国债发行规模与财政收入适应与否的指标。这一指标说明,国债规模大小要受到国家财政收入水平的制约,国债规模在一般情况下,应当同当期财政收入状况相适应。

国际上通常认为8～10％是国债偿债率的安全控制线,国际公认的警戒线是22％。按可比数据考察西方先发国家,如日本在1975～1980年平均为8.8％,英国在1984～1986年平均为6.9％,美国在1985～1986年平均为6.9％,德国在1985～1986年平均为11.5％等等,均低于或接近8～10％的安全控制线。而无论是从中央财政偿债率还是国债偿债率指标来看,中国的国债负担率早在1995年就已经超过了国际安全控制线的标准。从表2.5来看,从1994年以后,由于中国国债的发行规模剧增,一年上一个台阶,由此导致债务支出总额迅速上升:特别是1998年的财政债务还本付息额高达2245.79亿元,占当年国家财政收入的22.74％和中央财政收入的45.91％,这虽然与1998年的亚洲金融危机和大洪水这样的"天灾人祸"并发不无关系,但与国际警戒标准来看,依然是超出于安全区域的。由于中国1994年国家通过的《预算法》规定财政进行复式预算,且财政不能再靠向银行透支来弥补财政赤字,原来向中央银行借款的部分改为发行国债,因此,1994年可以看做是国债偿还的一个变点,也由此构成了1994年以后国债发行量剧增的一项重要因素。从此,还本付息开始逐渐成为财政的一项负担,加之债务本息支出的刚性,在财政困难特别是中央财政困难未得到转变的现实背景下,国债规模越滚越大无疑加剧了国债发行的规模风险。

表 2.5 中国国债偿债率(1990～2005 年) 单位:亿元

年份	当年还本付息额	中央财政收入	国家财政收入	中央财政偿债率	国债偿债率
1990	113.42	992.42	2 937.1	11.43%	3.86%
1991	156.69	938.25	3 149.48	16.70%	4.98%
1992	342.42	979.51	3 483.37	34.96%	9.83%
1993	224.3	957.51	4 348.95	23.43%	5.16%
1994	364.96	2 906.5	5 218.1	12.56%	6.99%
1995	784.06	3 256.62	6 242.2	24.08%	12.56%
1996	1 266.29	3 661.07	7 407.99	34.59%	17.09%
1997	1 820.4	4 226.92	8 651.14	43.07%	21.04%
1998	2 245.79	4 892	9 875.95	45.91%	22.74%
1999	1 792.33	5 849.21	11 444.08	30.64%	15.66%
2000	1 552.21	6 989.17	13 395.23	22.21%	11.59%
2001	1 923.42	8 582.74	16 386.04	22.41%	11.74%
2002	2 467.71	10 388.64	18 903.64	23.75%	13.05%
2003	2 876.58	11 865.27	21 715.25	24.24%	13.25%
2004	3 542.42	14 503.1	26 396.47	24.43%	13.42%
2005	3 878.51	16 548.53	31 649.29	23.44%	12.25%

资料来源:根据国家统计局《中国统计年鉴》2006 年版有关数据计算得出。其中,当年还本付息额是国内的还本付息额。

思考题

1. 名词解释

国债 国债风险 国债负担率 债务依存度 赤字率

2. 思考题

(1)请简要论述政府债务的分类。

(2)请简要论述政府债务的特征。

(3)如何化解政府债务风险?

(4)请简要论述各国政府债务管理模式。

(5)请简要剖析我国政府债务风险的成因。

参考文献

[1] 杨大楷、王天有等:《国债风险管理》,上海财经大学出版社 2001 年版。

[2] 丁静波:《改革开放以来我国国债风险的实证研究》,《经济论坛》2007 年第 7 期。

[3] 杨文进:《略论国债危机的衡量标准与我国的国债风险》,《福建论坛(人文社会科学版)》2007 年第 5 期。

[4] 樊文格、江华锋、李建峰:《对我国国债风险问题的探讨》,《集团经济研究》2006 年第 34 期。

[5] 张燕、王刚义:《浅析我国财政的债务风险》,《南方经济》2001 年第 1 期。

[6] 赵宇:《我国当前国债风险分析与防范》,《东岳论丛》2006 年第 6 期。

[7] 涂立桥:《我国国债可持续性的研究》,《统计与决策》2005 年第 8 期。

[8] 吉淑英:《国债风险及防范问题探析》,《财政研究》2004 年第 2 期。

[9] 李志伟:《对我国国债规模现状的思考》,《现代商贸工业》2008 年第 1 期。

[10] 张志华等:《巴西整治地方政府债务危机的经验教训及启示》,《经济研究参考》2008 年第 22 期。

第三章　社会保障性财政风险及其防范

社会保障（Social Security）指社会成员因年老、疾病、失业、伤残、生育、死亡、灾害等原因而失去劳动能力或生活遇到障碍时，依法从国家和社会获得基本生存需求的经济援助；国家建立社会保障体系的目的是通过利益的再分配保障公民的基本生存需求，缓解群体矛盾，维持社会稳定，为社会经济发展提供安定的社会环境。面对中国多元复合转型的特殊历史时期，完善的社会保障制度的建立有利于加速中国经济的发展和社会平稳、健康、有序地迈向现代化。

第一节　社会保障性财政风险及其度量

从理论上讲，社会保障是维护生产力的一种必要手段，它为暂时或永久丧失劳动能力的人提供基本生存需要，属于一种再分配行为，其核心和关键是社会保障资金的筹集和支付。社会保障资金的筹集、使用和管理，本身就是对国民收入进行再分配，对国家与企业、国家与个人、企业与个人之间的分配关系都将产生直接影响。而财政直接控制和间接制约着社会保障分配的总量和结构，为国家履行社会保障职能、发展保障事业提供资金。因此,财政应当对整个社会保障体系从宏观上承担起规范和引导的责任。

一、社会保障与财政风险

在不同时代和不同国家,社会保障内容有很大的差异。英国的社会保障制度是迄今为止世界上历史最悠久的社会保障制度之一,现行的英国社会保障制度包括社会保险、社会补助(住房、儿童、食品、高龄老人)、社会救助(低收入户、贫穷老人、失业者)、保健服务和社会服务。德国的社会保障制度已有100多年的历史,其体系繁杂,仅社会保险项目就有100多种,主要包括社会保险、社会救济和家庭补贴三个方面,其中以社会保险为核心内容。美国自20世纪30年代以来已经形成了庞大的社会保障体系,主要由社会保险、社会福利和社会救济三部分组成。日本社会保障制度由社会保险、国家救济、社会福利和公共卫生四个方面组成。

中国的社会保障由社会保险、社会救济、社会优抚、社会福利等构成,其中社会保险又由养老保险、工伤保险、医疗保险、失业保险、生育保险等体系构成。社会保障对象或不在劳动状态,如年老、失业、工伤、患病等,或生活非常困难者如城镇低保对象、农村五保户等。截至2007年末,全国城镇职工基本医疗保险基金累计结存2 441亿元;失业保险基金累计结存979亿元;工伤保险基金累计结存262亿元,储备金结存33亿元;生育保险基金累计结存127亿元。五险汇总,2007年年末全国社保基金总计累计结余额达10 254亿元。作为社会的"稳定器"和"安全网","多层次、广覆盖、保基本、可持续"的社保体系基本成形并不断完善。劳动保障部的数据显示,中国基本养老保险参保人数已从 2003 年的 1.55 亿增加到 2007 年的 2.01 亿,基本医疗保险参保人数从 2003 年的 1.09 亿增加到 2007 年的 2.21 亿。

在社保基金由现收现付制向积累制转化的过程中,庞大的待保人群,巨大的资金需求规模和不太熟练的操作技术手段形成了不菲的改革成本,使中国社会保障资金运作存在巨额支付缺口,成为国家财政不容忽视的风险来源。

二、社会保障性财政风险的表现形式

根据社会保障导致财政风险的原因不同,可以分为养老保险引发的财政风险、失业保险引发的财政风险、医疗保险引发的财政风险和城镇居民最低生活保障引发的财政风险。

(一)养老保险导致的财政风险

1. 转轨成本和"空账"风险

受经济发展程度的制约,过去的社会保障体制是没有专项的社会保障基金的现收现付制。随着社会经济迅速发展,这个体制正逐步向部分的基金积累制过渡。但是由于没有长期的社会保障基金的积累,出现社会保障基金的入不敷出,必然形成转轨成本。这其中除了 1997 年以前退休的职工(即"老职工")的全部养老金,还有 1997 年以前参加工作,1997 年以后退休的职工(即"中年职工")的过渡性养老金。世界银行进行过估算,结果是欠账占 GDP 比重约为 46%~49%。另一方面,由于社会统筹部分的基金不足以支付养老金,各地陆续将个人账户的基金用于填补养老保险支出,造成"透支"。国有企业的总资产中本来就应当有一些份额是用于国有企业工作的老职工

的基本社会保险,中国计划经济体制的历史决定着国家对他们所施行的是就业保障、单位保障和城市保障制度,即使他们所在的企业可能由于企业重组的原因而改变原来的国有性质或者发生破产、倒闭的结局。因此,对于那些已经退休或者即将退休的老职工(即老职工和中年职工)来说,只能由财政负责他们的养老金。而对于青年职工来说,他们同样也有收益于基本养老保险计划的权利。于是,挪用那些直接让青年职工收益的个人账户上的基金,来应付政府及其财政对于老职工的欠账,显然不合理,这一做法实际上是让社会统筹与个人账户相结合的部分积累制向现收现付制的倒退,使中国的养老保险的未来发展埋下了潜在的风险。

2. 养老保险基金面临支付困难

首先,企业在职员工人均担负离退休经费额度不断上升,这是因为缴费人员越来越少,退休人员相对增多,而且还存在提前退休现象。由于目前养老保险缴费主体仍是企业,而许多企业生产经营困难,无力缴纳养老保险费。使得参保人数增加而实际缴费人数在减少,再加上离退休人员增速快于在职职工的增速。另外,一些企业想方设法让员工提前退休,把包袱甩给社保。个别企业欠缴养老保险费现象严重。由于目前企业所缴的养老保险费率较高,企业逃避、欠缴、拒缴现象严重。离退休人员享受标准呈刚性增长。所有这些,加剧了养老金的支付风险。

(二)失业保险导致的财政风险

改革前,在传统的超充分就业制度下,失业保险没有用武之地,适龄劳动青年都当然地分配到某一劳动岗位,并且终身从事该工种,本应显形的失业问题被低失业加低效率所掩盖。随着改革开放的深入发展,企业重组、产业升级、相互购并等因素不断发生,失业救济金需求随着下岗、待业、失业人员大量增加。

为了建立规范的社会保障制度,国家决定将三条保障线合并为两条保障线,即下岗保障向失业保险并轨,新增下岗职工不再进入企业再就业服务中心,而是直接享受失业保险,另外已经在中心内的下岗职工也将逐步出中心,这样的做法虽然对失业人员提供更为贴心的失业保障,但是同时面临的问题就是失业保险基金的收不抵支给财政带来风险。

(三)医疗保险导致的财政风险

医保基金的支出是通过定点医疗机构对参保患者的医疗服务来实现的,由于医疗机构自身利益的驱动和补偿机制的不到位,表现在以下几个方面:住院标准不严格,不该住院的也住院,加重基金负担;用药原则不明确,为获取最大利润,选用贵重药、进口药给参保患者;采取分解住院的办法,套取统筹基金,以解决均次住院费用结算办法执行的偏差;医院为谋取利润,对所有参保人员增加住院费用,使得滥检查现象日趋严重。

(四)城镇居民最低生活保障引发的财政风险

城镇居民最低生活保障资金本来就是财政开支,向公民提供最基本的社会保障,为特殊人群提供最基本的生存机会,这便形成了城镇居民最低生活保障资金。而保障金标准会随经济水平的提高呈刚性增长。

三、社会保障性财政风险的化解

化解社会保障性财政风险需要我们建立完善的社会保障

法律制度。

(一)加强法制建设,保障社会保障功能

在制定单项条例的基础上,统一全国各项社会保障法律法规,由全国人大制定颁布社会保障法和社会保障税法。社会保障法应严格界定社会保障的范围、对象、职责、权利和义务以及组织体系、管理机构、监督程序等。社会保障税法应明确纳税义务人、课税对象、起征点、税率、课税环节、纳税期限、税收优惠等。关于社会保障税的优惠问题,如税收减免、税收抵扣等制度必须规范化,做到全国基本统一,以利于劳动力要素的流动。

(二)提高基金运行效率,降低社会保障风险

开征社会保障税的目标是根据中国国情和社会主义市场经济体制的要求,为所有劳动者(由城镇逐步到农村)筹集维持其养老、失业、医疗、工伤、生育等保险所需资金,为建立统一、规范、高效率的社会保障制度奠定基础。

第一,开征社会保障税统一中国的社会保障基金筹集。社会保障税的开征有助于打破地区、部门、行业间的条块分割,实现人力资源的合理流动和有效配置;促进"企业保障"向"社会保险"转变,缓解保险资金不足的矛盾,为企业走出困境减轻压力;可以充分利用现有税务机构的人力和物力,降低制度运行成本;有利于建立一个比较规范的收入来源渠道,保持社会保障筹资的统一性、连续性和相对稳定性;有助于建立社会保障监督机制,保证社会保障基金的安全性。

第二,激活社会保障基金,实现保值增值。由于社保基金

是老百姓保命钱,也是维护社会安全稳定的资金保证,所以尽量降低风险是社保基金投资的前提追求。除了基金投资的安全性,流动性和收益性也应当受到重视。当前,中国社会保障基金已全面纳入财政专户,实行收支两条线管理,可以有力地防止社会保障资金被挤占挪用,保障其安全。但当前所集中的资金基本都存放于银行,虽然保证了资金的安全,但其保值增值的途径只有银行的优惠利率,在银行利率较低的情况下,容易受到通货膨胀的影响,无法满足社会保障的需要。

(三)建立社会保障管理体系,强化监督力度

建立社会保障管理体系,有助于我们加强社会保障基金的管理,对防范社会保障性财政风险的发生具有良好的作用。

第一,建立社会保障主管部门、财税部门、金融部门等各级政府内部涉及社会保障管理的部门的协作分工的行政管理体系。社会保障主管部门主要负责制定政策,税务机关主要负责征收,财政主要负责监督,银行主要负责发放。具体来说,社会保障行政主管部门的职能是各自职责范围内制定社会保障政策,其下属的社会保障经办机构的职责是负责管理社会保障档案和个人账号,按政策规定审核确认社会保障对象的资格及其待遇标准,处理有关社会保障的查询、申诉和纠纷等事务,承担社会化管理服务工作。税务机关的职责是按照税收征管法和社会保障相关法律规定,及时足额地征收税款,缴入国库。财政部门的职责是参与社会保障基金收入分配政策的研究制定,编制和实施社会保障预算,监督社会保障基金的管理使用,按照社会保障经办机构确认的社会保障对象和支付标准将资金划给银行发放。银行的职责是接受委托,定期发放资金。

第二,合理划分中央和地方间的事权。中央政府集中精力解决社会保障基金筹集渠道、基金管理原则、提高社会保障待遇水平等重大问题。中央政府要对困难地区的社会保障基金收支缺口,根据地方政府财政经济状况,通过专项转移支付给予帮助。地方政府承担筹资征管、支付标准制定、社会化发放等社会保障事权,立足于自身努力,力求足额筹措资金。

第三,建立法律监督、行政监督、社会监督相结合的机制。(1)法律监督是经济法律、社会保障法和基本的管理条例,对社会保障基金运行过程实施全面的监督,对各类违法、违规行为依法查处,以确保基金的安全有效运行。(2)行政监督包括财政监督、税务监督和审计监督,财政监督即通过财务会计制度执行、投资管理及预算审核等手段,对社会保障基金运行过程中有关行为进行经常性的审核和检查,税务监督即通过税法的执行和日常征收管理,对纳税人的生产经营情况、收支情况及纳税情况实施监督,审计监督即审计机关依据国家有关法律制度,对社会保障基金运行过程及结果进行定期审核。以上几个方面的监督应相互配合,形成完整的行政监督体系,不仅要重视基金使用的事后检查,更要重视基金拨付中的追踪检查。(3)社会监督是只有社会中介机构会计师事务所才能对社会保障经办机构的年度会计报告进行审计,确保报告所提供的财务信息管理质量,并向社会公布。

第二节　国外社会保障性财政风险及其管理

社会保障制度经历了 20 世纪初叶和中叶的蓬勃发展,到了20 世纪 70 年代,一些先发国家,特别是福利国家,由于国家包揽的保障项目过多,导致财政负担过重,出现了所谓的"社会福利危机"(亦称之为"福利病")。再加上经济"滞胀",失业率居高不下与通货膨胀的长期困扰,以及日益严重的人口老龄化问题,发达市场经济的各国的社会保障制度均面临不同程度的危机。

一、国外政府社会保障性财政风险状况

虽然从社会保障制度建立的进程来看,先发国家先于发展中国家,然而先发国家的社会保障制度依然面临着许多共同的问题,其主要表现在:

第一,社会保障支出日益膨胀,政府不堪重负。

从 20 世纪 70 年代中期起,发达市场经济国家的社会保障费用支出的增长率明显高于经济增长率。1975 年到 1981 年欧洲一些国家两者的比例为:法国 7.6%：2.8%;比利时 4.6%：3%;瑞典 4%：1%。高额的社会保障费用支出是以严重的财政赤字为代价的。瑞典 1994 年政府财政赤字为 1900 亿瑞典克郎,内债 9 950 亿克郎,外债 3 850 亿克郎,债务总计达 15 700 亿克郎,相当于当年国民生产总值的 92%,全国人均负债约 14.7 万克郎,如此巨额的债务大部分是用于社会福利开支的;意大利目前仅养老金一项社会保障措施造成的财政赤字就达国民生产总值的 4%。20 世纪 70 年代中期以来,增长过快的高福利政策已严重制约了经济发展。

第二,社会保障水平过高,经济效率受损。

高福利和福利平均化隔断了努力与报酬之间的联系,造成不劳而获或少劳多得的现象,由于花样繁多的救济和补贴,失业者的收入甚至比在职者还多,致使人们对政府和社会福利过

分依赖,企业主和雇员工作积极性减弱,职工怠工现象严重,生产率增长下降,企业活力缺乏,国际竞争力下降。

过高的社会保障水平,扭曲了正常的激励机制。根据德国联邦银行1996年公布的资料,如果将餐饮业就业者每个月的最低收入与社会救济对象的收入状况进行对比,就会发现,如果没有子女,前者比后者多收入276马克;如果有一个子女,前者比后者少收入41马克;如果有两个子女,前者比后者少收入573马克。高社会保障水平甚至造成了社会救济收入大于劳动收入的现象,抑制了工作热情和创业精神,直接导致了社会激励机制的紊乱。例如,按1996年7月1日的情况,三个子女的家庭月领取2 346马克的生活救济金,作为5口之家他们还可以领取940马克的住房补贴,共计3 286马克的净收入,大大超过一般人的工资收入。

第三,社会保障机构日益庞大、管理成本增加。

随着保障项目的增加,各国政府建立起了日益庞大的管理机构,雇用了大批专业技术人员和行政管理人员。这不仅导致了管理费用的增加,而且产生了官僚主义、人浮于事、效率低下等弊端。据经济学家费尔德斯坦估计,美国1995年仅社会保障税的无谓损失就达约680亿美元。

这些最终造成了社会保障程度较高国家普遍遇到了困难。主要问题,一是财政负担过重,政府债台高筑;二是经济效率低下,包括国民经济停滞(高福利影响了人们的工作积极性,从而影响了宏观经济效率,这是社会保障制度对国民经济发展的消极影响)和社会保障管理成本上升(社会保障机构的日益膨胀导致社会保障制度本身的效率下降,从而对社会保障资源的利用效率产生消极影响）。[1]

二、美国政府社会保障性财政风险及其管理

美国社会保障制度是美国经历 20 世纪 30 年代初经济大萧条的惨痛历史之后逐步建立起来的，也是罗斯福总统实施"新政"的重要组成部分。70 多年来，随着美国经济的发展，已建立起了从出生到死亡的比较完整的社会保障制度。近年来，福利制度在很多国家都面临着不同程度的困难，美国尤其如此。美国社会保障制度面临的风险有以下几点：

一是社会保障支出的增长过快造成美国政府的财政负担过重。社会保障是美国花销最大的政府计划，2002 年社会保障养老金占到国内生产总值的 4.2％，而在 2030 年它所吸收的国内生产总值的比例有望达到 6.5％以上。尽管美国的职业年金相当发达，但由于目前社会保障项目越来越多，社会保障支付标准越来越高，享受社会保障权益的人越来越多，政府社会保障支出迅速增加。联邦政府每年支出的 4 美元中大约有 1 美元是用在提供社会保障养老金上。

二是人口老龄化对社会保险体系形成的压力越来越大。比如，第二次世界大战结束到 20 世纪 60 年代是美国人口出生的高峰期，出生人数高达 7 900 万。目前他们是美国收入最高、也是对社会保险体系贡献最大的群体。再过几年他们将开始大量退休，届时社会保险基金收入将迅速减少而支出将大幅增加。根据目前的估计，2018 年美国社会保险基金的支出将大于收入，2042 年这一基金将彻底用光。另据不同预测，今后 75 年

---

① 刘诚：《各国社会保障法律制度面临的共同问题及趋势》，《安徽大学学报》2004 年第 1 期。

里美国社会保险基金的缺口大约在 3.7 万亿至 10 万亿美元之间。

三是医疗保险支出的迅速增长给美国政府造成压力。美国国会预算办公室预计,若不进行医疗体制改革,至 2035 年,全美卫生保健方面的花销可能达到 GDP 的 30%,杰里米·D. 罗斯在《一项实行负担得起普通医疗保健的进步计划》中提出:"医疗保健费用自 1981 年以来以通货膨胀率的两倍上升,已成为联邦政府、大多数州政府、许多企业和数百万美国家庭增长得最快的主要开支。"

20 世纪 90 年代开始,美国历届政府就相继进行社会保障改革的探索。如 1991 年,克林顿以实施全民保险作为诺言而当选总统,随后就开始设计和起草医疗制度改革议案。这一改革议案的基本指导思想是实施有管理的竞争。改革方案的基本目标是在确保美国医疗质量且具有可选择性特点的同时,实施国民全体保险和抑制医疗费的上涨。结合美国国内面临的各方面的情况,走上了改革美国社会保障制度的漫漫长路。

布什政府上台后,面临社会保障的严峻形势特别是社会保障资金难以为继的趋势,在克林顿政府时期无所作为的社会保障私有化改革进入了实质性的运筹阶段。2001 年 12 月,由 16 人组成的委员会向总统提交了《总统委员会报告》,这一报告认为,建立个人账户是社会保障制度改革的核心。在这种选择方案下,用于为社会保障收益提供资金的 10 个百分点的工薪税将被分割开来。雇主支付的部分,即相当于应税工薪 5% 的部分,将分配到社会保障信托基金,专门为所有退休者提供固定的有保证的收益,数额大约为贫困线水平的 2/3(约每月 400 美元)。

提出了社会保障制度改革计划,基本思路是让一部分社保资金进入资本市场流通从而实现增值,同时降低个人同比例的社保福利所得。

到 2009 年,美国医疗年花费高达 2 万亿美元,占到美国 GDP 的 17%,而且逐年在增加,超过了教育和国防的支出。2008 年奥巴马上台,医保改革是奥巴马政府的一次大规模干预行动,增加政府在医疗保险中的地位和作用,为目前尚无医保、占美国人口总数 15%～20% 的约 4 600 万人提供公共医保,从而达到全民覆盖的目的。其医保法案确定了"目标管理"原则,在医保覆盖率及资金投入上设立了目标值,计划在 10 年内耗资 8 710 亿美元,把 94% 的美国人纳入医保覆盖范围。

三、日本政府社会保障性财政风险及其管理

日本的社会保障在 20 世纪 70 年代达到了最高水平,但是此后,由于经济增长减速、人口高龄化等原因,使得日本的社会保障制度面临着一系列的问题:首先,经济增长减速削弱了社会保障的基础。持续的经济低迷,使得财政收入的增长速度放慢,增长规模缩小甚至出现了财政危机,导致社会保障资金来源不足;此外经济增长减速又使得劳动力需求减少,失业率上升,因而加重社会保障的负担。

其次,人口老龄化加重社会保障的负担。根据联合国的规定,老年人口系数达到 7% 的社会即为老龄化社会。日本于1970 年首次突破 7% 的比率、达到 7.1%。此后日本人口老龄化进程越来越快。在这种情况下,社会保障难以维持较高的水平,社会性保障基金入不敷出的现象日益严重。

第三,社会保障制度难以适应社会生活方式多样化的需

要。日本社会保障制度的宗旨和政策只是局限于救贫和扶贫，这种单纯的救贫和扶贫式的社会福利保障制度不能满足社会生活多样化的需求。人们迫切要求社会保障制度超越传统道德观念的束缚，能够尊重个性，尊重个人的自我选择权和自我决定权。同时，现行的社会福利保障制度使得福利项目和福利设施的经营者缺乏自主权和积极性，造成了经营者的惰性和消极被动，牺牲了社会福利保障制度的效率和质量。

近年来，日本经济持续萧条，社会福利保障制度中所存在的问题突出，矛盾重重。在这种情况下，日本中央社会福利审议会、社会福利结构改革分会向厚生省社会援助局于 1998 年提出《有关社会福利基础结构变革》的报告，拉开了社会福利保障制度改革的序幕。

第一，追求社会保障新概念。社会福利基础结构的改革强调追求新的社会福利理念。指出今后社会福利保障体系要着眼于帮助个人自立和"尊重个人需求"，社会福利保障制度要真正保证人人享有尊严，人人都能够享受正常的社会生活。在新的社会保障制度中。提供社会福利的组织和团体与享受社会福利的个人之间的关系应确立为"对等关系"。而且社会福利组织和团体要以需求者为本位，树立"福利文化"的新概念。同时，社会福利保障制度还要满足国民的多样化需求，要让更多的组织和团体进入社会福利的服务领域，使得人们能够有更多的选择余地。

第二，实现社会福利保障的产业化。以前，日本的社会福利设施经营所采取的是以行政为主导的国家福利型经营方式。"看护保险制度"推行以后，国家财政的大部分养老福利补贴将由发放给福利设施的法人团体，转为发放给投保的个人，这就势必会形成由个人用保险金买福利的格局,从而老人社会福利逐渐向产业化的方向发展。护理保险的实行和志愿者活动的有偿化、法人化也都是旨在灵活地利用市场机制在福利领域中的调节作用,实现社会保障的产业化。

第三,提高社会福利保障的服务效率。日本社会福利保障制度改革的最终目的是为了提高社会福利的服务效率。首先,鼓励国民积极参与社会福利事业,也鼓励民间团体参与竞争。其次,利用市场机制,使得经营者和利用者能够实现双向自由选择,费用负担与利用项目挂钩。同时,扩大经营者自由经营的权限,提高经营者的积极性,减少利用者的浪费现象。最后,设置"社会福利情报管理中心",为国民提供福利保障的政策信息和利用信息,对服务质量进行监督评估。同时,引进"福利经纪人"制度,提供社会福利事业的相关咨询,依法对福利服务者和利用者进行协调,从而提高社会福利的服务效率。

四、巴西政府社会保障性财政风险及其管理

尽管巴西以其 60%以上的高社保覆盖率以及层次鲜明的社保制度而著称,逐年扩大的社保赤字导致的不断增长的财政赤字所引发的财政风险,也在悄然影响着巴西社保制度以及经济的发展。

巴西的高社保覆盖率主要是由其经济发展的高水平决定的。巴西联邦共和国 2010 年人口 1.91 亿,其中城市人口占76%,人均寿命 66 岁,巴西经济实力居拉美首位,世界前列。巴西的社会保障总体上可以分为三种形态,即巴西人所谓的经济保障三脚架:个人积累、公司或企业补助性的保障、政府方面的社会保障。而对其扩大社保赤字产生重要影响的就是国家公

务员的退休保障与失业保险。

巴西国家公务员属于一个特殊的阶层。巴西法律规定，每个公务员每月应交纳其工资的8％、9％或12％作为社会福利税，之后即可按年龄、工龄（30年）或按开始支付社会福利税的年限而退休。公务员享受的优惠待遇有：每工作5年可休假3个月，如不休则可折算6个月工龄；计算工龄不是从进入公务员队伍算起（正因为如此，很多人特别是有些职员37岁就可以退休了）；公务员享受退休金没有限制，并在办理退休时可按最后一个月的工资上涨20％，且不再交纳8％～12％的福利税。另外，巴西法律对退休人员再次就业没有限制，他们或原职返聘，拿双份工资，或另谋职业，退休后在新的部门工作满7年，又可以享受另一份退休金。

1986年12月，巴西政府颁布的《失业保险法》的主要内容有以下几个方面。（1）享受失业保险的条件：属非自愿失业，失业前6个月一直从事有收入的工作，失业前2年至少有几个月在工作，失业后一周可申请领取失业保险金（底金为112美元）；（2）失业救济的计算与标准：失业前工资水平为现行最低工资3倍以下的，可领取相当于原工资80％的失业金；失业前工资水平为现行最低工资标准3～5倍者，可领取相当于原工资63％的失业保险金，支付时间为4～18个月；（3）资金来源：由社会统一计划——公务员财产形成计划基金支出，其管理则以公务员财产形成计划基金为主体，建立失业保险基金，并由工人、雇主和政府三方组成的审议会对基金进行管理。

以上两种社会保障形态，导致了政府社会保障开支的逐年累积式扩大，由巴西社会保险制度的发展历程我们可以看出，无论是否引入了公务员参保缴费机制，发源于政府公共部门的保险计划便是巴西政府社会保障收支赤字不断扩大的主要原因。社会保障赤字的增长,继而引发了财政赤字的扩大。2008年巴西GDP达到2.9万亿雷亚尔(1美元约合2.3雷亚尔),而其社会保障支出的GDP比例约为11.7%,而赤字额占GDP的比例却高达5.3%,如此巨大的亏损额使得财政难以负担,社会保障制度的改革仅仅是在一定程度上缓解了这种压力,却无法真正解决问题。

巴西人口老龄化加速。1992年,巴西60岁以上人口为7.9%,而在2007年已占国民人口总数的10.6%。而9岁以下儿童,在1992年的比例曾为22.1%,而2007年则下降为15.9%。如此趋势,势必给社保体系造成沉重的支出压力继而产生一系列的拒缴逃缴保费的现象。

为了解决上述因素所产生的社会保障风险,巴西政府进行以下两个方面改革。1. 为了促进社会的公平,巴西政府改进了公务员与私营企业保障进度。由于国家大量补贴退休金的再分配机制,显然存在其不合理之处,因此,巴西政府面对此种情况逐步下放了权利给各社会福利机构,把社会救济的政策重点放在保护低收入阶层特别是老人、儿童和残疾人上,维护家庭的核心地位,并注意调动联邦各州、市政府的积极性。为改革私营养老金计划,增强私营养老金基金管理人的自律监督意识,提高养老金的灵活性,巴西政府放宽了开放式养老基金保险公司以及银行的业务范围,并允许其进行其他养老金计划的经营行为。2. 缩小贫富差距,进一步扩大社保覆盖率。为扩大社保覆盖率,巴西政府主要是进一步促进农村社保体系的改革,真正做到将被排除在社会保障体系之外的大量自谋职业者以及灵活就业群体纳入社保体系。并对公务员的退休制度做出了相应的调整,意在精简政府机构人员,解决由于公务人员过多所导致的巨额的财政赤字问题。

第三节 中国社会保障性财政风险评估及其化解

社会保障性财政风险不同于一般经济风险,它具有显性化特征,处理不好会直接造成社会动荡,只有认识到社会保障性财政风险,才能采取措施规避社会保障风险,把社会保障性财政风险解决在萌芽状态。

一、中国社会保障性财政风险分析

目前,中国社会保障基金缺口的最主要部分是基本养老保险基金缺口。按照国务院的规定,中国城镇企业职工养老保险制度是以基本养老保险、企业补充养老保险和职工个人储蓄性养老保险相结合的多层次的养老保险制度。养老保险费由国家、企业和个人三方共同承担。基本养老保险实行部分积累的筹资模式,以支定收,略有结余。1997年为了进一步完善养老保障体制,开始实行社会统筹和个人账户相结合的基本养老保险制度。自中国养老基金管理从现收现支制向部分基金积累制过渡以来,养老负担出现一代人为两代人提供养老金来源的局面:在职的一代人既要负担上一代人,又要为自己的养老进行个人账户积蓄。在实际运行中,社会统筹账户不断透支个人账户积累,造成个人账户空转运行。世界银行2005年公布一份关于中国未来养老金收支缺口的研究报告指出,按照目前的制度模式,2010年到2020年间,中国基本养老保险的收支缺口将高达9.15万亿元。

表 3.1　　　　　2010～2019 年社会统筹基金每年的收支差额

年份	基金每年的收支差额　　　　　　单位:亿元		
	不同工资增长率的收支差额		
	g＝8%	g＝6%	g＝4%
2010	10 186.16	9 502.33	8 862.32
2011	13 896.39	12 813.69	11 814.17
2012	18 176.90	16 564.26	15 095.72
2013	23 184.58	20 873.74	18 798.01
2014	28 992.68	25 782.02	22 937.59
2015	33 664.71	31 317.70	27 519.89
2016	43 402.41	37 622.08	32 642.98
2017	52 047.26	44 534.33	38 153.65
2018	61 770.99	52 167.33	44 126.00
2019	72 992.76	60 820.18	50 774.13

资料来源:彭浩然、陈华、展凯:《我国养老保险个人账户"空账"规模变化趋势分析》,《统计研究》2008 年第 6 期。

二、中国政府社会保障性财政风险的成因剖析

社会保障基金支付缺口的形成有多种原因,包括制度设计、操作运行、道德风险、历史文化传统和社会发展水平等问题。主要归纳如下。

(一)中国人口多,底子薄,经济发展水平低

从收入角度看,经济发展水平低,人均收入水平低,使劳动者的缴费能力弱,从根本上制约着社会保障基金收入难有大的增长。从支出角度看,人口多,使中国劳动力的供给旺盛;底子薄和发展水平低,使中国社会经济领域可能提供的就业机会相对于充足的劳动力而言较少,由此导致中国就业压力大,失业率居高不下。2003～2007 年单是城镇登记的失业率就保持在4%,如图 3.1 所示。2007 年登记失业率 4%,但加上未解除劳动关系的下岗人员,即第二口径的失业率起码超过 10%,也带

动失业保险支出高位运行。一方面社会保障基金收入相对不足、增长慢;另一方面社会保障基金支出的压力大,形成基金支付缺口,并且随着两方面情况的恶化,缺口不断地扩大。

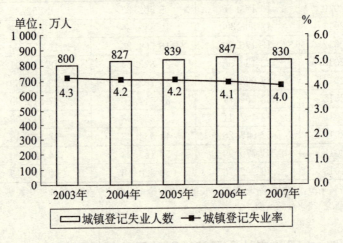

图 3.1 2003～2007 年城镇登记失业人数及登记失业率

资料来源:人力资源和社会保障部:《2007 年劳动和社会保障事业发展统计公报》。

(二)人口老龄化

人口老龄化使养老保险基金入不敷出,支出缺口大的主要原因。中国人口超速老龄化的问题严重,1999 年 2 月 20 日,中国正式进入老龄化社会。据美国人口普查局统计和预测,65 岁以上老年人的比重从 7% 上升到 14% 所经历的时间,法国用了 115 年,美国用了 66 年,日本用了 30 年,而中国只有 25 年。中国现在虽然还处于劳动力黄金时期,但 60 岁以上人口超过 14%,65 岁以上人口超过 10%,按照国际社会标准,我们显然已经跨进了老龄化社会的门槛。20 世纪 70 年代,中国为控制人口所采取的计划生育政策,到 2030 年将使中国比世界各国显现的人口老龄化问题都严重得多。人口普查及人口研究中心预测数据显示,2030 年前后,中国 60 岁以上的老龄人口预计将增至 4 亿左右,相当于欧盟人口总和;到 2050 年,中国 60 岁和 65 岁以上的老龄人口总数将分别达到 4.5 亿和 3.35 亿,这意味着每 3 个人中就有 1 个老人。法定退休年龄不变,人口寿命提高,使中国的养老保险支出压力越来越大。

(三)收入多元化,监控不力

改革以来,中国个人收入分配领域出现了三大变化:一是个人收入水平大幅度上升;二是个人收入差距扩大;三是个人收入来源多样化,收入支付主体多元化。这三个变化给国家的收入监控体系提出了严重挑战。目前,在个人收入分配领域,既有白色收入(合法并且在国家监控之中,如工资收入),也有灰色收入(合法但国家难以监控,如兼职收入),还有黑色收入(不合法并且难以监控的收入,如偷漏税、受贿)。据测算,后两类收入在个人收入总额中约占 50%～60%。收入监控体系不健全对社会保障基金运行有三方面的影响:首先,弱化了社保缴费基础。大量收入游离于缴费基础之外,减少了社保基金收入;其次,减少了对社会保障支出的冲抵力度,特别体现在最低生活保障项目上,不仅加大了社会救济支出,而且使低保救济的投向出现偏差;最后,缩小了税基,减少了税收,动摇了国家对社会保障支出缺口的弥合能力。

(四)基金管理不善引起的缺口

由于管理制度、管理行为的实施环境等原因,社会保障基金从收缴到支付之前,在多层次的委托—代理过程中会产生风险,这种风险表现为社会保障基金的完整性受威胁,社保基金的缺口加大。

中国目前社会保险各级统筹资金及个人账户资金由政府强制集中管理,社保对象与地方政府基于法律而非自由选择形成了委托—代理关系。地方政府具有垄断能力和信息优势,可能因顾及地方利益而产生行为的异化。各地挪用社会保险基金的主要情况有把基金用于当地建设,如建电站、修公路、建楼堂馆舍、搞开发区,有的没有利息,有的甚至无法收回本金;把基金以"流动资金"、"扶持资金"的名义借给企业,企业倒闭后借出去的资金无法收回;把基金借给一些机关企事业单位或者社会团体甚至个人办经济实体,有的动用基金做房地产生意或炒股票,造成利息损失或投资风险等。

由于监管主体缺位和多头管理,导致监管难度大,难见成效,立法滞后,违规成本过低,这些都会在一定程度上存在加大社保基金缺口的可能。

(五)基金增值效率不高

中国对社会保险基金的管理以保证其安全性为主,建立社保基金的财政专户,资金必须存入四大国有银行或购买国债。社会保障基金财政专户资金按照同期居民银行存款利率计息。目前,社会保障基金投资的范围限于银行存款、买卖国债和其他具有良好流动性的金融工具,包括上市流通的证券投资基金、股票、信用等级在投资级以上的企业债、金融债等有价证券。然而,中国社保基金的投资收益并不乐观:2004年全国社保基金实现收益42.7亿元,收益率为2.5%;2005年社保基金实现收益52.85亿元,收益率为3.12%,这与每年的社保基金都在增大的缺口形成了鲜明对比,也与本想通过建立社保基金,通过其每年的收益来弥补每年发放的养老保险金缺口的初衷相违背。

三、中国政府化解社会保障性财政风险的政策建议

针对中国特殊的历史状况，要弥补社保基金所存在的巨大缺口，维护社会稳定和谐的良好局面，必须采取多方措施。以下从增加社会保障基金收入、控制社保基金支出、改善社会保障基金运行的社会经济环境和完善社会保障基金监管四方面具体说明消弭社会保障性财政风险的措施。

(一)增加社会保障基金收入

中国的社会保障基金主要包括三部分：社会保险基金、全国社会保障基金、补充保障基金。社会保险基金是由企业和个人缴费形成的基金，主要包括基本养老、失业、医疗、工伤和生育保险基金。全国社会保障基金是由中央财政拨入资金、国有股减持和股权划拨资产、经国务院批准以其他方式筹集的资金以及投资收益所形成的基金。该基金由中央政府集中管理，统一使用。补充保障基金是由企业和个人缴费形成的企业年金、企业补充医疗保险等。

增加社保基金收入，主要应做好以下几方面工作。

1. 继续推进国有股减持工作

从理论上说，现收现付制度下的劳动者创造的价值中对应于老年保障的部分，已经通过企业和财政投资，转换为国有资产，现在，通过出售一部分国有资产充实社会保障基金是有充分理论依据的。国务院曾在 2001 年 6 月 12 日发布了《减持国有股筹集社会保障资金管理暂行办法》，也有个别上市公司依据此暂行办法减持国有股，相应补充了社会保障基金。

2. 扩展社会保障缴费基础

充分利用其完整的税收征管体系和执法手段，准确核实缴

费基数,使缴费单位达到应缴必缴。根据所辖纳税户,及时发现应参保而未参保的单位,不断扩大参保覆盖面,实现社会保险费征收总量的快速增长。全面掌握缴费人申报和缴费情况,杜绝不申报现象发生,真正掌握费源底数。另外,方便缴费人缴费,体现行政职能部门全心全意为缴费人服务的思想。

3. 强化社会保障基金运作,增加基金运营收入

基金保值才能抵御通货膨胀的侵蚀,基金增值才能体现积累制的优越性,稳定、高效率的基金运行收入历来是中国社保基金的重要来源:专家测算在中国社保基金四个来源中(政府财政、雇主、雇员、基金运营),基金运营收入应负担不低于10%的社保总费用。中国已经成立了全国性的社会保障基金管理机构——全国社会保障基金理事会,专门负责该项工作。基金应选择资产信誉高、效益优、稳定性强的银行或金融服务机构作为受托机构,具体选择应采取招投标办法。对社会保障基金的资产组合应建立一套比较完善的法规体系。根据全国社会保障基金理事会的统计,2001~2007 年基金投资收益良好,具体情况如表 3.2 所示。

表 3.2 　　　　　　　2001~2007 年基金投资收益一览表

项目 年度	已实现收益		经营收益		通货膨胀 率(%)
	金额(亿元)	收益率(%)	金额(亿元)	收益率(%)	
2000	0.17	—	0.17	—	
2001	9.67	2.25	7.42	1.73	0.70
2002	21.00	2.75	19.76	2.59	0.80
2003	34.07	2.71	44.71	3.56	1.20
2004	45.91	3.32	36.72	2.61	3.90
2005	52.90	3.12	71.22	4.16	1.80
2006	195.80	9.34	619.79	29.01	1.50

续表

项目 年度	已实现收益		经营收益		通货膨胀 率(%)
	金额(亿元)	收益率(%)	金额(亿元)	收益率(%)	
2007	1 129.20	38.93	1 453.50	43.19	4.80
累计投 资收益	1 448.72	年均： 8.29	2 253.29	年均： 11.44	1.86

资料来源：全国社会保障基金理事会网站。

注：累计投资收益为年均收益率，是自成立以来各年度收益率的几何平均。

4. 发行政府永久性债务

伴随财政收入集中率的回升，一旦所有国债评估指标回复到安全区内，可以考虑发行面值固定、利率浮动、不设定还本日期、定期支付利息、在市场上公开流通转让的永久性国债，专项用于补充社会保障基金正常来源的不足。这种方法有以下好处：首先，较迅速解决部分社保基金资金短缺的问题，而我们需要支付的只是每年的利息，资金短缺的压力得到一定程度的缓解；其次，永久性国债的偿还是以人们对中国政府的信任作基础的，这样就把对每个人息息相关的保命钱和对政府的信任联系在了一起，有利于资金的筹集和凝聚信心；再就永续债券的推出，在资本市场上给了我们普通投资者更多的选择机会，有利于资本市场的繁荣与稳定。

5. 发行政府社保彩票

随着国民经济不断发展壮大，社会财富日益增加，中国可以借鉴国外动员社会闲散资金用于社会保障的办法，通过发行彩票筹集社会保障资金。彩票公益金分配，民政部以其2000年实际所得为基数，以后年度公益金超过基数部分，80％上缴财政部，用于支持社会保障基金，20％留归民政部。在中国的社会保障体系构成中，社会救济和社会福利是唯一被纳入财政预算、完全由政府负担的项目。目前，中国已经成功地以多种形式发行了彩票,例如,常年发行的"中华风采"以及各省份的"地方风采"福利彩票,其"取之于民,用之于民"的筹资特征最符合大众的心态。既然社会救济和社会福利可以通过发行彩票来进行筹资,那么本来就强调个人需要承担一定责任的社会保险完全可以采用同样的方式进行筹资。特别是在目前社会保险基金缺口很大,而各级财政又比较困难,拿不出更多的钱来补充的情况下,通过彩票筹集可解燃眉之急。参照现行的体育彩票、社会福利彩票,发行社会保障彩票。成立专门机构,采取市场营销手段,扩大发行数量,减少发行成本,增加奖金比例,提升该"自愿税"在基金来源中的比重。

6. 建立社保基金跨省市转移制度

中国经济发展较好的珠三角经济圈、长三角经济圈、环渤海经济圈有大量的进城务工人员。由于中国的国情,因为社会保障体系的"割据"状态,一旦进城务工人员由于失业、换工作、离职回乡等原因跨地区流动时,就得在当地社保局服务大厅彻夜排队,申请退出社会保险,拿回自己的钱。毫无疑问,在全国统一的社会保障制度形成之前,"退保"现象还会继续存在。而进城务工人员退保的代价是,之前积累的养老保险指数立刻归零。这些还在壮年期的劳动者大规模放弃养老保险,给未来的社会发展留下巨大的压力,也减少了巨额的社保基金来源。为此,要为人口流动建立社保关系跨统筹区转移制度和信息网络,完善参保人员社保关系转移、衔接的政策措施。

7. 积极创造条件,开征社会保障税

社会保障税是一种依纳税人工资、薪金所得为课税对象且"专税专用"于社会保障支付的税种。现在几乎所有的发达市场经济国家都开征了不同形式的社会保险税,在有些国家,如法国、德国、瑞士、瑞典,社会保障税已成为头号税种。由于税收的强制性和规范性,该税种可以克服社会保障基金筹集过程中的种种阻力,杜绝拖欠、不缴和少缴的现象,为真正意义上的社会保障基金的筹措提供强有力的手段。开征社会保障税,既可以稳定资金筹集来源,强化征缴,避免社会管理成本过高,同时也将社会保障基金纳入法制化轨道。国外的经验已经证明社会保障税是一个行之有效的制度创新。

政府有关部门应对开征社会保障税进行摸底和可行性分析,要尽快组织专家学者研究确定社会保障税的涵盖内容、合理的税率以及企业(或单位)与个人负担的比例,要科学论证开征社会保障税的适当时机。如果这几个问题解决好,尽力保证社会保障基金的应收尽收,必然有利于解决基金缺口。

此外,要加紧社会保障立法,要以法律形式规范保障的项目、费率、缴费主体、分担比例、完纳时间、惩治办法等,要以各种方式强化其法律的威严。

(二)控制社保基金支出

控制社保基金支出的工作重点主要集中在以下两个方面。

1. 科学确定各社会保障项目的支付标准

社会保障支付标准的确定具有基本性,它有三个确定根据:一是与社会经济的发展水平相适应;二是与社会支付能力特别是财政承受能力相适应;三是仅仅满足现有条件下较低生活水平需要。这就是说,保障项目和标准的确定不能只考虑必要性,更要考虑可能性和可行性。中国目前正处在社会主义初级阶段,社会经济发展水平较低,国家财力有限,过去没有社保基金积累,保障对象的规模又非常庞大,因此,中国现阶段的保障项目和保障标准的确定必须贯彻"就少不就多,就低不就高"的原则,尽力将社会保障基金支付缺口控制在国家财政可以承受的额度内,减缓由此引起的财政风险程度。

2. 构造低成本、高效率的相关配套体制

以社会医疗保险制度改革为例,该项改革的成功与否,不仅取决于医疗保险制度本身的要素设计,也取决于,甚至主要取决于相关的药品、医疗卫生体制的改革。医疗保险支出中很重要的一项内容是药品支出,中国药品生产、流通、价格、使用方面长期存在着重复建设、点多面广、品种雷同、流通混乱、药价虚高、回扣盛行、信息失衡、患者无选择性等弊端。1978 年以来,中国医药经济年均增长速度达到 18％,在所有行业中名列第一,而医院是中国药品市场最大的零售商,占据着药品零售市场 85％的份额。医疗机构向患者提供的医疗服务结构不合理,药品服务所占比重过大,2000 年国家卫生部门对全国 4 088家综合医院的统计数据显示,上述医院药品收入占医院总收入的 51.1％。[①] 不同药品销售商之间(药店与医院、药店与药店之间)缺乏充分竞争。

(三)改善社会保障基金运行的社会经济环境

社会经济运行状态对许多社保项目,如失业保险、最低生活保障等基金运转情况有根本性影响。较快的经济增长速度,合理的产业结构,不仅可以为财政增收提供充足的财源,增强财政对社保支付缺口的资金供给能力,也可降低失业率,提高劳动者收入水平,大幅度缩小社会贫困面和贫困程度,增强人

---

① 杨国明等:《完善医药分业政策,解决以药养医问题》,《经济日报》2003 年 3 月 18日。

民自我保障能力,这对减少社会保障体系中的周期性保障支出,如失业救济、贫困救济等具有根本意义。另外,经济快速发展还可改善企业等用人单位的财务状况,提高及时足额缴纳社会保障基金的单位比例,缩小因用人单位欠费所形成的隐性支付缺口。而且经济的快速增长也可为政府启动"相机抉择的财政政策"提供契机。主观上更加突出社会效率机制,客观上有助于社会保障基金的良性运转。从这个意义上讲,政府采取的任何旨在促进经济增长的对策方案,比如积极的财政政策、稳健的货币政策、差别性分配政策等,都会对社会保障基金支付缺口的弥合或缩小发挥十分重要的作用。

社保基金的监管法规有待健全。从立法体系看,虽然中国在 1994 年就将社会保险法列入立法规划,但至今未出台;从立法层次上看,中国目前尚没有一部人大立法通过的正式社会保障法律,而是由国务院行政法规、部门行政规范性文件架构起社会保障的法律框架,使其缺乏相应的权威性和稳定性。社保基金监管部门的执法力度因法制不健全受到制约和障碍。

另外,促进社会保险与商业性人寿保险相结合。社会保险未能与寿险相互结合,这既使社会保险压力过大,又使中国广大劳动者得不到多重保障。因此,中国应在完善和发展社会保险制度的同时,大力发展商业性人寿保险。解决这一问题的对策是,在加快中国社会保险制度建设的同时,有力地促进商业寿险的发展,使后者真正成为前者的补充。如何促进商业寿险的发展,我们认为应从商业寿险的供给和需求两方面着手解决。从商业寿险的供给方面讲,保险公司应降低成本,提高效率,控制保险水平,为被保险人真正提供优质保险服务。从需求方面讲,广大消费者应改变单纯依靠社会保险的观念,树立以多种方式保障自己生活的新观念,积极参加商业寿险。总之,只有商业寿险的供给和需求两方面都有所增加,才能促进商业寿险的进一步发展。

(四)完善社会保障基金监管

完善社会保障基金监管主要可以从以下四个方面着手。

1. 创造第三方监督的有效实施机制

创造有利于第三方监督的实施机制,使监管起到实效。所谓第三方,是指社会公众,以及代表公众利益的非政府组织和独立机构。为避免分散性,社会公众必须借助组织和机构去行使集体监督;这些组织和机构应该是以社会公共利益为导向的非政府组织。非政府组织凝聚了社会分散的力量,使单个的社会意思,变成了统一的集体意思,并且许多研究社会保障、关心社会公共利益的法律、金融、审计、行政管理方面的专家、学者以及新闻记者的加入,也为非政府组织履行监督的职能提供了条件。国家应在法律上给予这类组织以特定的法律地位,使其免受行政机关的非法干涉。法律应规定涉及社会保障管理和监督的行政机构,对于此种组织要求提供相关信息资料的要求必须满足;对于此种组织提供的建议和意见,必须给予认真对待。如果对于该类组织指出的违法、违规行为不及时改正,该类组织则可以向上级监督机构提出举报,并代表公共利益向法院提起行政诉讼,维护公共利益。

2. 加快法制建设,堵塞违法漏洞

社会保障基金监管较成功的国家在推进社会保险制度时,都首先注重法制建设,以其作为强制性监管的依据和行为规范。其社会保障基金监管的法律体系一般包括以下三个层次内容:第一,宪法,作为社会保障基金监管法律体系中最高的一个法律层面。在许多国家的宪法中,都明确规定享受社会保障待遇是国家赋予每个公民的一项基本权力,实际上从法律上间接地规定了社会保障基金监管的地位和作用。如美国、英国、日本等国家现行宪法中都明确规定了公民所享有的社会保障权益。第二,社会保障法,社会保障法所规定的内容要比宪法更加明确而具体,具有一定的操作性,同时也是所有与社会保障相关的专门法律的基本法律。许多国家都颁布了社会保障法,明确规定社会保障基金监管的性质、具体内容等。如英国1911年颁布《国民保险法》、美国1935年颁布的《社会保障法案》,作为综合性社会保障法律确立了英、美两国的社会保障体制。第三,社会保障基金管理法,作为社会保障基金监管中最具有操作性的一类法律法规,在这类法律法规中详细而具体地规定了社会保障基金监管机构的设置、监管的主要内容以及监管体系的建立等。社会保障管理法的制定和实施必须以社会保障法为基础。大多数国家都制定和颁布了社会保障管理法方面的法律法规,如社会保障基金收支法律法规和社会保障基金投资法律法规等。

3. 强化监管力量,完善监管机制

各先发国家社会保险基金的监管组织各具特色,但都表现出以下特点:社会保险行政管理部门相对集中,大多数国家都设有主管社会保险的部门,综合管理社会保险工作,如英国的社会保障部、法国的社会事务和就业部、加拿大的卫生和福利部、日本的厚生省等。在社保基金监管方面,美国为分散监管模式,但近年来也有采取一些措施,加强分散监管的集中度。

目前,中国的监管力量与当前监督工作的需要不匹配,监督力量薄弱。可适当强化相关监管力量,以满足社保基金运营、管理的需要。在监管组织结构方面,从社保基金监管组织结构的国际发展趋势、中国现实国情及长远的制度稳定出发,可采用以法制监管为核心、适当集中的综合模式,在现有制度的基础上加强监管的集中度,以构建一个主辅分明、多重监管的社保基金监管组织结构。

为此,一是要建立信息披露制度,强化社会监督。二是要研究制定社会保险基金信息披露办法,定期公布有关情况,参保单位和参保人员可及时了解基金的筹集、支付、运行和管理情况。从而形成行政监督、审计监管和社会监督的外部监管体系。此外,强化内部监管,实行会计监管与内部审计,建立内部监管体系。推进基金监督信息化建设,各地要利用现代化手段实时监控基金的收入、管理、支付和运营情况,推进“金保工程”,在“金保工程”建设中将基金监督纳入总体规划。

建立起劳动与社会保障、财政、税收、企业和银行等之间横向以及上下级部门之间纵向的统一规范的信息管理系统。该管理系统的终端设在劳动与社会保障部,每个下级部门按照当地的社会保障基金构成定期上传相关的信息,并由上级部门定时到相关的银行检查账户情况是否属实。该数据库对社会公众免费开放,以接受社会公众的监督。最终建立主辅分明、包括内部监管与外部监管的多重社保基金监管结构。

思考题

1. 名词解释

社会保障 社会保险 社会保障基金 社会保障税 社会保障性财政风险

2. 思考题

(1)请简要论述社会保障与财政风险之间的关系。

(2)请简要列举衡量社会保障性财政风险的指标。

(3)如何化解社会保障性财政风险?

(4)请简要剖析我国政府社会保障性财政风险的成因。

(5)社会保障绩效评估指标体系包含哪些指标?

参考文献

[1]温海红:《当前我国社会保障基金的缺口分析及其对策》,《理论导刊》2002 年第 8 期。

[2]马国强、谷成:《中国开征社会保障税的几个基本问题》,《财贸经济》2003 年第 5 期。

[3]林义:《西方国家社会保险改革的制度分析及其启示》,《学术月刊》2001 年第 5 期。

[4]孙亦军:《我国社会保障制度建设中政府责任定位研究》,《中央财经大学学报》2007 年第 5 期。

[5]张俊芳:《我国开征社会保障税的必要性和可行性》,《税务研究》2006 年第 10 期。

[6]姚春辉:《完善社保基金监管 促进和谐社会建设——基于武汉市社会保障基金监管体系的实证分析》,《中南财经政法大学研究生学报》2008 年第 2 期。

[7]高亚军:《试论开征社会保障税的税制基础》,《税务研究》2006 年第 5 期。

[8]庹国柱、蒋菲:《社保基金筹资模式与投资运用问题的探讨》,《人口与经济》2008 年第 5 期。

[9]颜旭若:《浅论减持国有股、充实社会保障基金的方案设计》,《中共中央党校学报》2000 年第 4 期。

第四章　金融性财政风险及其化解

现代金融业不仅是一种重要的现代服务业,而且在宏观经济运行中具有不可替代的作用,是现代经济的核心。一旦出现金融风险或金融危机,各国政府出于社会稳定的考虑都会予以救助,其中,最常用的手段是财政救助。随着国内市场逐步与国际接轨,中国经济所面临的金融风险也在迅速加大,由于中国经济体制的特殊性,金融风险和财政风险的相关程度要高于发达市场经济国家,如何防止金融风险的财政化,对于防范财政风险意义重大。

第一节　金融性财政风险及其度量

财政负责政府资金的筹集与运用,银行则负责信贷资金的存入与投放。双方是市场经济体制中政府实施宏观经济调控的两大杠杆。当银行受体制、经营不善等因素的影响,效益下降,形成不良资产而引发金融风险时,它会通过一定的传导机制转嫁给财政引发财政危机。反之,当财政出现收支矛盾激化而形成风险时,它也必将波及银行系统引发金融危机。

一、金融性财政风险的要义

金融是现代经济的核心,金融的稳定自然关系到社会与经济的稳定,市场经济是高度货币化的经济,经济的高度货币化带来了经济金融化。这是因为:(1)货币已成为决定交易行为的决定性因素,作为流动手段的货币体系一旦出现问题,必然阻碍社会再生产过程的延续,从而造成在高度社会分工下的生产与交换的分离,使得商品无法实现其交换价值;(2)作为财产贮藏的重要媒介,一旦货币的价值出现剧烈的波动,影响到财产价值的度量,必然通过以抵押为基础的银行信贷活动出现断裂,使得现代经济无法获得银行资金的支持,使得现代经济成为无源之水;(3)作为一般等价物的货币,已经成为千家万户生活中必不可少的生活保障,一旦货币体系由于剧烈的变化而丧失交换生活必需品的基本功能,那么在现代纸币条件下,必然造成剧烈的通货膨胀甚至回到过去以物易物的前现代经济,那样将会造成社会的剧烈动荡,甚至动乱,引发最为严重的公共风险。

二、金融性财政风险的度量

在金融风险的评估方面,关于金融稳定性的衡量已有相对完善的指标体系。比如美联储的 CAMELS 体系,以及在此基础上扩展的国际货币基金组织的"宏观审慎指标体系"。客观地讲,无论是指标的采用还是数据获取上,对中国金融体系风险状况进行比较准确的定量分析,并进行国别之间的横向比较,委实是一项困难的任务。在发达市场经济国家盛行的有关评估指标,未必适合中国的经济金融实际,所以国际货币基金

117

组织(2001 年度报告)认为,"某些宏观审慎指标是否有意义因国家的不同而异,切不可机械地套用指标"。由此也不难理解,标准普尔和穆迪公司 2003 年底对中国商业银行的评级为何引起一片哗然。就计量数据而言,官方宣布的不良资产比率等重要指标似乎一直令人怀疑,银行以及证券公司经营状况的透明度更是很差。在这样的数据环境下,单纯的计量模型和数量分析似乎难以得出令人信服的准确结论,所以关于中国金融风险问题的判断大多来自综合分析和直观感觉。[1]

三、金融性财政风险的预警

近 10 年来,在许多新兴市场经济国家甚至经济先发国家屡次发生的金融危机,不仅给本国的经济、社会、政治造成了巨大的冲击,还传染至其他国家,具有很大的破坏性和影响力,引起国际金融界的混乱和恐慌,促使学术界和实业界对这些金融危机事件的成因、影响及政策含义的深思,以及对金融危机事件的规律、防范预警以及金融安全等诸方面的研究。

金融风险的预警模型主要有两种,一种是 KLR 模型,主要由指标体系、预警界限、数据处理、信号显示四个方面组成,首先建立一套检测预警指标体系,然后确立预警界限值,并对各指标的取值进行综合处理,得出金融风险综合指数和相应的风险等级,最后用灯号表示风险状态,如绿灯表示安全,黄灯表示基本安全,蓝灯表示风险,红灯表示危机。还有一种是 DCSD 模型,来自检测 KLR 模型和其他模型在预测亚洲金融危机时的样本外表现的一个项目,根据离散阈值检验解释预测变量的

---

① 李海平、廖文龙:《中国金融风险的度量及化解》,《广西财政高等专科学校学报》2005 年第 1 期。

有效性。它的预测水平和危机的定义与 KLR 模型一致,但在预测危机的概率时运用了多变量的 Probit 回归,并做了一个简单的假设,即危机发生的概率随预测变量的相对变化线性增加。这种方法主要采用了五个变量:真实变量与趋势的偏差、活期存款与 GDP 的比率、出口增长、储备增长、M2/储备的水平。

四、金融性财政风险的化解

在具体的环境中,行为主体对风险的认识与把握却有可能是迥然不同的。风险只能分散和转移,永远不可能消失。金融危机是金融体系风险累积、转嫁、扩散的结果,其本质是各类交易关系的破灭。防范金融危机必须从交易主体行为入手,建立起有效的风险管理机制,防止风险的累积、转嫁和扩散。

(一)建立现代企业制度,重塑微观经济主体

经济运行中所有主体的收益最终来自实体经济。如果实体经济出了问题,资金的"空转"最终将导致金融风险。企业是资金的使用者,储蓄者的利息所得以及银行的利差收入,最终来自于企业的息前利润。如果企业借入贷款而到期不能还本付息,则将形成银行的不良资产,原有的金融交易关系被破坏,风险和损失将首先由银行承担。不良资产累积多了,超出银行的资本规模时,则风险和损失进一步向储蓄者转移,就有可能引发挤提危机。当前,国有企业是消耗资金的"大户",因此,国有企业尽快建立、完善现代企业制度才能最大限度地降低金融风险的根本。如果国有企业的资金运动不能形成良性循环,则银行的资产状况以及持续经营就不可能从根本上改观。从经

济与金融的关系看,企业对融入资金的不当使用,有可能引发金融泡沫。

(二)建立现代金融体系,规范金融机构行为

在金融交易活动中,金融机构的行为是双向的,无论是银行还是证券公司,都是金融交易的桥梁,同时也是风险的集散中心。只要规范了金融机构的行为,自然会有效影响储蓄者和投资者的行为,所以对金融机构行为的监管被认为是防范金融风险的重中之重。纵观中国 10 年来,商业银行、证券公司等各类金融机构的非市场化非理性的行为,可以明显的感觉到金融运行的潜在风险。证券公司挪用客户保证金、操纵股票价格等屡禁不止。只有在明晰的产权和科学内控的基础上规范金融机构的各类行为,政府的金融监管才能是有效的,才能有效控制单个金融机构的风险,避免整个体系风险的累积、转嫁和扩散,防止金融危机的发生。

(三)引导资产选择行为,强化加强风险意识

当前中国金融体系建设中的一个突出问题是,无论是政府、银行、证券公司还是企业,没有一类主体将储蓄者视作与其平等交易的主体。由此产生的一系列现象也就不足为奇。比如,上市公司可以无视"股民"的存在,证券公司可以挪用客户的保证金,银行可以在利用储蓄者的资金赚钱的同时抱怨加重了成本负担,政府可以将储蓄者的利益放在银行利差和企业利润之后考虑。所有的主体唯独忘记了一点:当前中国金融风险的源头不是资金的来源,而是资金的运用。储蓄存款是当前金融资产的主体,其任何较大的变动都将改变金融风险结构。监

管者的职责在于有效引导储蓄者的金融资产选择行为,并在此过程中提高其风险意识。

(四)努力提高政府调控和监管水平

历史一再证明,不当的宏观经济政策往往是扭曲经济金融关系,引发金融危机的重要原因。日本 20 世纪 90 年代的金融危机、亚洲金融危机,起因各不相同,但最终酿成损失巨大的危机,无不与行为不当的宏观调控政策和产业政策有关,其背景都是宏观经济金融状况的恶化。中国已经基本建立了市场化的、间接调控为主的调控体系,但由于经济主体行为的不完全、不稳定,调控方式以及调控工具的选择尚需根据实际需要灵活运行。市场化的监管机制在于主要通过市场化的手段引导各类主体行为,使之符合金融稳定的需要。任何监管行为必须在熟悉被监管者的行为特点的基础上进行,才能取得事半功倍的效果。无论是设立存款保险公司,还是剥离不良资产,类似的措施,只有在充分研究金融交易主体行为特点的基础上进行,才能真正化解存量风险,并避免产生新的金融风险。

第二节 国外金融性财政风险及其管理

随着世界经济一体化和金融自由化的深化,先发国家金融服务领域的混业趋势愈加明显,同时,先发国家金融风险也显现出系统性特征。为应对金融发展的复杂态势,近年来先发国家在加强金融系统性风险管理方面采取了相应变革:变革监管体系;加强银行风险内控,奠定有效监管基础;健全相关配套制度,营造良好的经营环境;建立风险管理文化,这些措施对化解金融风险起到了良好的作用。

世界先发国家通过多年市场经济活动的探索与实践,建立了完善的现代企业制度,金融机构通过深化改革加强了内部自身建设,对于中国金融风险防范给予了诸多启示。

一、美国金融性财政风险及其管理

20世纪中后期以来,为应对金融发展的复杂态势,美国在加强金融系统性风险管理方面采取了相应变革。特别是自本次由于房地产次贷违约所引发金融危机以来,奥巴马政府推出了一系列措施以挽救金融机构、稳定金融市场、重振美国经济。这些政策措施主要包括:经济刺激计划、住房救助计划、数量宽松货币政策、有毒资产处理计划和公允价值计价原则安排等。

(一)变革监管体系,创新风险监管理念

由于金融制度创新和技术创新不断深化,金融交易更趋活跃,规模不断扩大。交易工具层出不穷,衍生金融交易信用风险的集中性、表外性及投机性逐次增大。而以证券领域为中心的新金融商品的开发和需求的创造,使得投资银行业务的繁荣与商业银行业务的萎缩形成了鲜明的对比,从而彻底打破了金融服务产业的原有平衡,风险问题日益突出,改革现行监管体系,加强金融系统性风险管理已势在必行。

美国政府于1999年11月颁布了《金融服务现代化法案》,之后美国开始实行金融持股公司为以金融混业经营的横向综合性监管制度框架。同时,在存款机构、证券和保险三者的监管关系上,美联储拥有对金融控股公司进行全面监管的权力,必要时也对证券、保险等子公司拥有仲裁权,因此美联储成了

能同时监管银行、证券和保险行业的唯一一家联邦机构,其职能在一定程度上凌驾于其他监管机构之上。当各领域监管机构断定美联储的监管制度不恰当时,也可优先执行各领域监管机构的制度。变革后的美国监管体系将存款机构、证券、保险融为一体,体现出功能性监管的风险监管新理念。

(二)加强银行风险内控,奠定有效监管基础

作为一种特殊的企业,银行内部风险具有一般企业危机所不具有的蔓延性或传染性,在加强金融系统性风险管理中,加强银行的内控制度建设显得尤为重要,这是有效外部监管的基础。

1. 银行业务与产品的专业化管理有助于风险控制

美国商业银行的产品管理特色是将产品集中于自己的优势领域,《金融服务现代化法案》生效实施后,在金融领域生存得最好、发展最快的商业银行并不是在所有的领域全面出击的所谓"全能型"银行,而是那些根据自身的特点,不断强化核心业务和产品的银行。由于业务流程完善、产品成熟,降低了经营管理风险度。如美国经营规模最大而效益良好的花旗集团,其业务经营同样侧重于自己的核心产品,提供全球领先的优质服务,这是该行经营的一贯战略。

2. 重视宏观经济分析及企业动态信息披露

银行专门安排一批资深专家研究经济问题及发展趋势。不仅研究宏观经济,也注意研究区域经济和部门、行业经济的发展,使之成为确定信贷方针、政策的重要依据。同时把研究经济问题作为考核分支机构工作实绩的重要内容。对业务形成定性和定量的情况报告,日积月累就容易形成信息库供决策

参考。

(三)健全相关配套制度,营造良好的经营环境

美国政府十分注重运用评级标准,控制银行的风险。美国联邦存款保险公司(FDIC)运用资本充足度、资产品质、管理、盈利和流动性五个方面的指标来评估银行的管理水平,把银行分为风险程度不同的五个等级,实施不同的监控方式。美国社会借助高效的会计审计体系、威严的司法体系、统一的社会保障号码和健全的征信机构,形成了严密的信用征询体系。高度发达的信用机制,既为美国银行节约了成本,提高了效率,也使风险控制和管理有了一个统一标准。美国政府建立了储蓄存款保险制度。美国的存款保险制度为世界上最早建立并已相对成熟。美国联邦存款保险公司的首要职能是存款保险。它为全美 9 990 多家独立注册的银行和储蓄信贷机构的八种存款账户提供限额 10 万美元的保险,全美约有 97% 的银行存款人的存款接受 FDIC 的保险。在美国,当存款机构资不抵债、不能支付到期债务或其资本充足率低于 2% 时,该存款机构的注册管理机关将予以关闭并通知 FDIC。建立存款保险制度,使存款人利益得到了最大限度的保护,同时降低了金融系统性风险。

(四)建立风险管理文化,保障金融企业可持续发展

美国商业银行重视风险管理文化建设。首先,美国的商业银行往往根据自身风险控制能力来把握业务增长的速度,无论在经济周期的不同阶段或是银行经营的不同阶段,美国商业银行都力求避免以牺牲贷款质量为代价,来加速各种信用资产的发放,争取市场占用率或完成短期指标。其次,树立"大风险"

管理体系,把信用风险、市场风险、操作风险和合规风险统一纳入风险管理范畴,努力提升全行风险控制体系的完备性、独立性、权威性和严肃性。通过建立垂直的风险管理体系,增强对末端的控制能力,促进风险管理与营销拓展的有机结合。同时,积极引入量化管理分析手段,提高风险管理的科学性。再次,建立职业道德操守和执行控制规范。

二、日本金融性财政风险及其管理

日本在以银行为主导的金融体系中,风险就过多地集中于银行。由于资本充足率较低,最终风险是由日本中央银行作为最后贷款人所承担的,其结果是,日本存款保险公司最终担保了所有的银行存款。这样一来,日本的银行体系陷入了内在的道德风险:即收益归每个银行,亏损风险归政府。

日本金融体系的最大弊端是风险集中,没有将资金分散于相互之间呈负相关的资产上。这样,分散国内经济体系风险的最好办法是投资于与本国资产不太相关的外国资产。在有良好外汇储备的经济体系中,贬值后外汇储备资产的重估收益可以部分抵消内部的银行损失。这种机制起作用的前提是经济体必须有净外汇资产。

在日本保持经常账户顺差的政策目标下,伴随着日元的30年升值,形成了一些违背风险管理原则的市场行为,从而加剧了日元的波动,使国内价格更加偏离国际价格结构。

由于强烈波动,日元的长期价值并不稳定,日元无法被广泛用作投资工具或成为受欢迎的贸易结算货币。较低的日元利率起初对债务人具有吸引力,但其汇率的不稳定性将许多长期投资者拒之门外。这就是日元总是无法取代美元成为亚洲主要货币的原因。

日本政府采取如下一些做法来促进金融机构的市场化发展,加大彼此的竞争力度,从而改善日本政府的金融体制。

其一,日本政府应当实行完全自由化的价格机制。这样可以增加各个证券金融机构数量,推进他们彼此在价格水平、信息传递速度以及服务水准方面的改进,进而打破该行业的垄断经营。其二,日本政府从政策方面放宽对从事证券金融行业的种种限制,推进金融体制改革的进程。其三,日本政府进一步改善了金融体系的透明度,切实做到加强金融监管体系的独立性,提高金融机构经营的稳定性与健全性,增强了市场的自律监管作用。

除此之外,日本政府还从国际收支视角认真应对金融风险问题。从日本金融发展历程可以看出,资本外流一直是困扰金融体系进一步发展的重要问题。因此,为了打破融资企业之间日趋激烈的竞争,日本政府放宽了金融管制,以防止资本的进一步外流。同时,从微观市场角度,日本政府也在引导本国企业适应新的金融投资环境,努力提高本企业的资本报酬率,强化企业的内部控制以及管理,提高资本的运营效率。从宏观经济角度,日本政府也充分考虑到金融稳定问题的传递效应,以更加积极的态度加强国际间的协调合作,建立全球性的金融安全网络系统,来促进更加稳定的金融体系的构建。

三、巴西金融性财政风险及其管理

自 1994 年"雷亚尔计划"实行以来,巴西已先后发生了多次金融动荡,时间分别在 1995 年墨西哥金融危机后,1997 年下半年东亚金融危机后,1998 年下半年俄罗斯金融危机后,1999

年初米纳斯吉拉斯州州长伊塔马尔·佛朗哥宣布推迟90天偿还拖欠联邦政府债务后以及2001年总统大选前的6月份。最近,巴西的金融形势也非常不稳定。虽然每一次最后都涉险过关了,但它给巴西经济和社会的发展带来相当的冲击与危害,也在一定程度上给拉美乃至世界经济带来负面影响。

巴西政府吸取了经验和教训,进行了一系列的金融改革:(1)1994年8月,依据《巴塞尔协议》,巴西中央银行发布了2099号决议,建立了新的最低银行资本标准制度,重新规定了银行资产风险程度。显然,此举是为了增加银行的抗风险能力,促使银行进行谨慎性投资,提高银行系统的稳定性。(2)1995年11月,政府制订了"鼓励和加强金融体制结构改革计划",对州一级银行以及一些经营不善的银行和金融机构,采取私有化和并购等果断措施,其中包括巴西最大的银行——巴西银行,第二大银行圣保罗州立银行及另外一个较大的银行——里约热内卢州立银行。允许外资收购巴西银行或扩大参股股份,1998年巴西最大的20家银行的外资参与占34.7%。并且还实行鼓励银行重组和并购的计划。(3)1997年5月,国家货币委员会建立中央信贷风险系统,所有银行必须把贷款数额高于50 000雷亚尔的客户以书面形式上报中央银行。(4)1998年5月,中央银行第2493号决议建立了金融借贷证券化公司,它可以购买金融机构的信贷,然后将其证券化,亦即变为可转让证券。此公司还集中管理银行的部分呆账、坏账,以求减少成本,盘活银行资产,促进和扩大银行的信贷供应。(5)1999年1月,巴西中央银行宣布实行雷亚尔兑换美元汇率的自由浮动,中央银行将在汇率波动过大时进行有限度的干预,对汇率不正常的走势进行必要的监控。此举有利于阻止外汇储备的减少,恢复投资者的信心,缓解贸易逆差的恶化,实质上是关闭了美元流出巴西的闸门,有助于巴西金融市场逐步恢复稳定。同时也为银行降低利率创造了条件。

以上措施的实行对于加强巴西银行体系抵抗金融风险的能力是有帮助的,也为政府规范金融市场,提高对金融市场的监管,化解金融风险做出了贡献。特别是国有银行的私有化与重组并购以及引进外国金融资本措施,有力地提升了银行的市场竞争能力,更加以严格对银行审计制度和内部控制的要求,使得巴西私有银行的效益大大好于其他发展中国家。

第三节　中国金融性财政风险的化解

中国的金融风险除由于银行经营状况不稳定、资本结构的变化、市场利率的变动、投资对象本身经营管理的失误等所造成的一般性原因所导致外,同时还有中国经济体制改革所导致的体制性和社会主义国家财政等特殊性原因。金融性财政风险是中国现阶段财政风险的一种表现形式,也是经济体制转轨时期的必然现象。因此,要防范和化解金融性财政风险关键在于进一步理顺和规范政府、银行和企业的关系,推进宏观管理体制改革。

一、中国金融性财政风险的表现

金融风险是指资金的所有者或投资人在投资和融资过程中,因偶发性和不完全确定性因素所引起的收入的不确定性和资产损失的可能性。市场经济条件下中国的金融风险主要表现为以下内容。

(一)信用风险

信用风险是指债务人到期无法依约偿还借款本息的风险,它是涵盖整个金融交易期间的长期性风险,它与利率风险和汇率风险的不同之处在于它在任何情况都不会产生意外的收益,只会造成损失,有时甚至是巨大的损失。当风险累积到一定程度,在外部因素的冲击和干扰下,其本身的信用链条中断,人们就会对经济和金融状况的安全失去信心,从而产生强烈的悲观预期和盲目行动,最终导致经济和金融秩序的混乱与恐慌。

目前,信用风险已经是金融业所面临的一个主要问题,而且是整个银行体系中最大的风险来源,因为银行资产80％以上是暴露在信用风险之下的,一旦客户到期无法清偿债务就会产生信用风险。银行业的信用风险表现形式主要有三种:一是自身信用风险,即无力承兑到期存款的本金和利息的风险;二是贷款信用风险,即放款到期和逾期本金和利息无法收回的风险;三是投资信用风险,即投资无盈利或无法收回的风险等。在中国,银行体系积累的不良资产,包括逾期、呆滞、呆账贷款,占全部贷款比例较高。从地区看,不发达地区明显高于发达地区,这种势头仍未得到有效遏制。

(二)流动性风险

流动性风险是指银行没有足够的现款清偿债务和保证客户提取存款,使银行信誉遭受损失而形成的风险。这种风险的产生,是因为银行放款和投资的规模过大,超出了自身资金来源的可用限度;或者资金来源的期限较短,而贷款和投资的期限较长,造成资金周转不灵。具体来说,一方面是指存款人按照正当理由要求提款时银行或其他金融机构不能支付的风险，是现金支付能力不足，不能保证存款者提现需求；另一方面银行不能满足企业、单位等存款者转账支付需求。严重的流动性风险会触发银行信用风险，即存款者挤兑存款而银行无法支付的风险。即使很有盈利前景的银行，一旦发生支付困难，不了解内情的存款人往往将其看作银行经营不善的标志而发生挤兑，造成银行破产，甚至于发生连锁反应，危及整个银行体系的安全。

目前，中国国有商业银行的流动性风险尚未显现，但潜在的支付困难因素日益增多，当前问题集中体现在中小金融机构上，一些城乡信用社经营管理不善，不良贷款比例奇高，自备资金极低，随时都可能出现支付困难。中国由于人口多，信息不对称现象十分突出，极易发生"羊群效应"和挤兑风险。

(三)市场性风险

市场性风险主要是指因市场价格变动，使银行资金可能遭受损失的风险。它主要包括股票、债券等证券价格风险、利率风险、汇率风险。

证券价格风险主要是由于证券市场不规范和金融市场秩序混乱引发的种种风险，其中以股市风险尤为突出。上市公司质量不高，上市后无优良表现，业绩下滑。有的上市公司还乘机大肆配股送股，使各股价格拔高上扬；二级市场散户多，稳健投资机构少，并普遍抱侥幸投机心态；违规操作、信息透露失真时有发生；再加上社会"热钱"快进快出股市等现象存在，从而进一步加剧了股市波动。

利率风险是由于经济形势和金融市场上资金供求状况发生变化，出现了银行以较高的利率吸收资金，而以较低的利率发放贷款,形成了利率倒挂的局面,从而造成亏损的情况。目前,中国已发展了包括短期资金拆借市场和证券市场在内的资金市场,并允许信用等级高的企业发行债券。随着有管制的浮动利率向开放的市场利率转变,利率风险将会变的比较明显。而最为突出的是一种不正常的人为的利率风险,即同业银行及其他吸收存款的金融机构过度竞争、违规操作、互相拆台、互挖墙脚,竞相高息揽储,致使利率风险大增。

汇率风险是指经济主体在持有或拥有外汇的经济活动中,因汇率的变动而蒙受损失的可能性。由于世界各国的经济实力千差万别,政治经济形势变化不定,不可预见事件频繁发生,加上国际金融市场上的投机力量十分巨大,因此各国的货币利率经常波动,有时波动剧烈,这些变化都有可能增加银行的经营成本,或带来风险。随着中国经济的改革开放,外汇业务将会有较大的发展,汇率风险的问题也将日渐突出。

(四)经营性风险

经营性风险是由于银行自身经营管理方面存在的问题而形成的风险。最大的经营风险就是银行内部控制系统与治理机制的失控。中国一些金融机构违规操作、过度投机,积累了巨额的金融风险,造成重大的经济损失。金融领域内大案要案时常发生,一个重要的原因就在于内部监控机制失灵。此外,信贷人员的业务素质不高;银行内部的经营管理水平较低致使贷款投向决策失误,都会造成经营风险。

(五)犯罪风险

金融业是巨额货币资金的洼地,因此容易滋生经济犯罪,也是抢劫、诈骗犯罪活动的重要目标。银行内部犯罪及内外勾结犯罪也常有发生,罪犯借助计算机、网络等高科技手段,利用银行承兑汇票、存单、信用证、保单以及新型的金融衍生工具进行资金诈骗、金融权力寻租等犯罪。

另外,因经济体制变迁而引起的体制性风险;信贷资金财政化,财政资金信贷化;金融市场发育程度偏低,降低了我们利用市场机制来分散和转移金融风险的功能;非法设立金融机构和非法从事金融业务所导致的金融风险比较严重;金融从业人员素质偏低,不仅引发大量的业务操作风险,而且还引起大量的道德风险,等等。

二、中国金融性财政风险的成因剖析

由于中国处于经济转轨时期,存在一些不可避免的因素,导致了现阶段中国金融风险生成还具有特殊原因。从金融管理体系和运营的特点来分析,有外部、内部和国际三大方面。

(一)外部环境因素

企业产权制度的不完善,组织结构的欠缺,投资行为的不当都是与金融风险的生成密切相关,企业风险转嫁为金融风险。其表现为,第一,企业经营效益低下和转制是商业银行资产风险加剧的主要原因。企业的短期行为造成外延式的生产规模急剧膨胀,而内涵式的扩大再生产滞后,高负债、低效益、亏损严重、信贷资金被挤占挪用。因此,经济效益的下降必然带来金融业的信用风险。第二,现代企业制度尚未建立,国有企业的风险基本由国家负担和解决,最终聚集为金融风险。第三,融资渠道单一,主要集中于银行信贷,这样企业的风险也就直接传导为金融风险。

政府对金融活动的干预使金融面临一系列风险。第一,政府不合理行为必然导致金融风险增大。政府的政策失误,内在的扩张冲动、寻租行为和不适当的干预,可能会增大货币的供应量,使银行活动脱离效率原则,金融资源得不到优化配置,扭曲增量,恶化存量,增大了金融风险。第二,政府行为对中央银行活动干预生成金融风险,对货币政策的影响,对中央银行金融监管的影响,对中央银行信用活动的影响都可能促成或扩大金融风险。第三,政府对信用活动的直接参与和对信贷活动的干预,可能带来银行行为非自主性,资金非商业化经营和信贷软约束的后果,导致商业银行信用活动的扭曲和金融秩序的紊乱。

(二)金融系统内部因素

金融机构自身不完善、经营机制落后、监督机制滞后是造成中国金融风险不断扩大的内部因素,也是最根本的原因。

存款和贷款均占全部金融机构 60％以上的中、农、工、建四大国有独资商业银行是中国金融体系的主体。这四家国有银行的安全与稳定在很大程度上决定了中国金融体系的安全与稳定。然而,经过多年的风险积累,四家银行都面临严重的经营危机。

一是不良资产率高。尽管经过 1999 年成立的信达、长城、东方、华融四家资产管理公司,来收购、管理和处置建设银行、农业银行、中国银行和工商银行剥离出来的不良资产 1 万多亿元,但长期以来由于弄虚作假、贷款展期、贷新还旧等诸多因素的影响,使原来不良贷款比例不能真实、全面地反映贷款质量。2004 年 5 月 22 日,中国银行和建设银行进行了第二次不良资产剥离。其中,中国银行 1 424 亿元、建设银行 569 亿元。2005

年进行了第三次不良资产剥离,工商银行 4 500 亿元可疑类贷款分作 35 个资产包,按"逐包报价"原则出售,华融公司中标 226 亿元,信达公司中标 580 亿元,长城公司中标 2 569 亿元,东方公司中标 1 212 亿元;工商银行 2 460 亿元损失类贷款委托华融公司处置。第二、三次剥离后,四家资产管理公司新接收约 1.3 万亿元不良资产。

二是资本充足率差。资本充足率是衡量银行抵御风险能力的一个综合性指标。国内外对中国国有银行资本充足率的一致看法是:国有银行基本上达不到《巴塞尔协议》规定的 8% 的要求。统计显示,到 2000 年 9 月,中国工商银行资本充足率为 4.57%,农业银行为 1.44%,建设银行为 3.79%,中国银行达到 8.5%。只有中国银行达到《巴塞尔协议》规定的 8% 的要求。再来看看其他的股份制中小银行,截至 2008 年 6 月底,深圳发展银行、华夏银行、浦发银行、民生银行四家上市中小银行的资本充足率都在 10% 以下,而华夏银行和浦发银行到 2008 年 6 月底的核心资本充足率更是在 5% 以下。理论上,只有核心资本充足率高于 5% 的银行,才能在补充附属资本之后达到 10% 的标准。2003～2007 年商业银行资本充足率达标情况如表 4.1 所示。国际金融界曾有评论说:称中国国有银行在技术上已经破产有些言过其实,但仍不得不承认国有银行抵御风险的能力比较低。

表 4.1　　　　商业银行资本充足率达标情况表(2003～2007 年)

单位:家,百分比

项目 \ 年份	2003 年	2004 年	2005 年	2006 年	2007 年
达标银行数(家)	8	30	53	100	161
达标资产占比(%)	0.6	47.5	75.1	77.4	79.0

资料来源:中国银行业监督管理委员会 2007 年报。

三是盈利水平低。20 世纪 90 年代以来,国有银行的盈利水平基本上呈现出一种下降的趋势。但经过国有企业 3 年脱困、降低营业税率等改革后,国有四大商业银行盈利水平略有回升。2007 年的数据表明:中国工商银行、中国银行、中国建设银行 2007 年实现税前利润各为 1 151.14 亿元、1 008.16 亿元、899.55 亿元。① 数据显示,农业银行 2007 年经营效益取得历史最好水平,实现经营利润 961.32 亿元。截至 2007 年末,农行资产总额达 60 501.27 亿元,但 2007 年底不良贷款余额为8 179.73 亿元,比 2007 年初增加 826.86 亿元。农业银行 2007 年实现税后净利润人民币 118.72 亿元。② 但排除考虑冲销国有银行的贷款呆账损失和其他资产损失、剔除以贷收息因素、保值贴补支出进成本等因素,中国国有银行盈利水平仍非常低下,说明中国银行已进入到一个"微利时代",实际上是虚盈实亏。与此同时,各家银行的应收未收利息不断增加,贷款收息率不断下降,分支机构亏损面和亏损金额相当大。

(三)国际化因素

加入 WTO 后,从外部环境看,外国金融机构将大量挤占中国的金融市场。外资银行有雄厚的资金实力、严密的业务经营管理制度、丰富的市场竞争经验和经营管理经验以及优厚的报酬和科学公平的人力资源管理方式,这必将对国内银行业的业务经营和管理形成较大的冲击。从内部经营状况看,中国金融业特别是国有商业银行在过去的非市场经营过程中累积了不少不良贷款,这不仅对银行业在市场竞争中形成较大的压力。

---

① 数据来自这三家上市公司 2007 年的利润表。
② 数据来自《中国农业银行 2007 年报》,《中国证券报》2008 年 5 月 29 日。

还加大了银行体系的脆弱性,在遭受外来冲击时加大了金融环境的不稳定性,很容易形成金融风险。

外资银行数量的增加和业务范围的扩大,将增加货币政策的调控难度。一方面,传统的以贷款指导计划为手段的直接数量控制办法失效,而间接调控体系尚不完善。外资银行在货币政策传导中的作用如何尚难预料。另一方面,国际资本流动更加容易,外资银行大多数是跨国经营的大型银行,其资金在全球范围内调拨以套取利润,当中国出于紧缩经济的目的提高利率时,很可能引起短期套利资本流入,反而扩大货币供应量,使货币政策失效。

资本流动及利率制度和汇率制度也将可能加大金融风险。人民币的自由兑换是资本市场开放的前提与标志,是必然的趋势。在人民币实现自由兑换、资本市场完全放开之后,资本的自由流动有可能加大中国的金融风险。在国家的经济基础和市场结构良好的情况下,资本流入能促进中国经济发展;但资本的异常流入会导致金融资产价格的异常波动,加重外债负担,加剧国内货币、资本市场的不稳定性,强化国际金融市场波动的传递机制,从而导致投机性冲击,这又会相应出现资本外逃,加剧金融风险。同时,在资本自由流动的情况下,可能出现汇率政策与货币政策的冲突,使国家丧失货币政策的独立性,并且汇率制度受到冲击。此外,在金融实行开放以后,要求市场利率代替现行的固定利率,市场供求形成的汇率代替现行的非市场化汇率,而中国当前金融体制的两根支柱恰恰是管制性利率和受控性的浮动汇率制。因此,中国的利率制度和汇率制度改革也面临着考验。

三、中国金融性财政风险的评估

当前,中国金融风险的主要特点是:融资结构扭曲,在金融体系内风险向银行集中;金融机构风险向央行转移;金融体系的潜在风险不断暴露和扩张;分业监管体制下控制金融风险的能力薄弱。

(一)融资结构扭曲,在金融体系内风险向银行集中

中国间接融资比例过高,增加了银行贷款风险。从企业融资看,最近几年,间接融资比重增加。从 2001 年、2002 年到 2003 年,银行贷款占企业融资的比例分别为 75.9%、80.2% 和 85.1%。这种单一的融资结构导致企业资本金不足,全社会投资杠杆率非常高,孕育着非常大的金融风险。

衡量金融体系金融风险的另外一个常用指标是 M2/GDP。目前中国的 M2/GDP 比率几乎是世界上最高的。这一指标过高,往往蕴藏着较为严重的金融不稳定因素。这一指标的持续上升表明中国的经济增长具有明显的信贷推动特征,而且信贷资产的运用效率趋于下降。

在直接融资中,债券市场发展缓慢,债券市值不足股票市值的 30%,债券品种结构不合理,国家财政债券比重高,企业债券比重低,市政建设债券几乎空白。

(二)金融机构风险向央行转移

截至 2004 年 6 月底,人民银行对农发行再贷款 6 500 亿元,已形成挂账,贷款本息很难收回;对金融资产管理公司再贷款余额为 7 662 亿元,预计本息不能收回,对国有独资商业银行

(主要是农行)再贷款余额 1 924 亿元,其用途作为政策性专项贷款,这部分再贷款还款期限无法确定,已经实行零利率;对中行和建行注资 450 亿美元充实两家国有银行资本金;年初南方证券公司被行政接管后,人民银行再贷款 65 亿元用于化解南方证券公司流动性风险;截至 2002 年底,经国务院批准的地方政府向中央专项借款余额为 1 109 亿元,一些地方政府采取拖欠、躲债等手法拒不归还;中央银行再贷款的财政化,使再贷款的收息率降低,中央银行的人民币业务连续亏损,2000~2002 年亏损额分别为 131 亿元、297 亿元、320 亿元,央行的财务状况恶化,可交易资产减少,调控货币供应量的能力受损。

(三)抵御外部传导风险的压力加大

中国应对外部传导风险的防火墙是资本账户管制,在固定汇率制度下,资本管制有效地保证了中国货币政策的独立性,但在中国对外贸易高度开放、资本市场逐步对外开放、经常项目与资本项目相互融通的情况下,资本账户管制措施的有效性大打折扣。汇率改革将逐步增强人民币汇率的灵活性,在汇率改革的过程中可能刺激资本大规模流动,导致汇率大幅波动,严重偏离其合理均衡的水平,并有可能造成国内信贷过度膨胀,增加金融体系的风险。由于存在人民币升值的预期,国内企业和金融机构可能过度举借外债进行低效投资。截至 2004 年 3 月末,中国外债余额 2 023 亿美元,其中短期外债 823 亿美元,占外债余额的比重为 40.7%。如果短期外债用于长期的国内投资,由于企业的收入是人民币,容易出现币种和期限的双重错配,一旦汇率预期逆转,汇率大幅波动,容易引发债务危机。

（四）金融体系的潜在风险不断暴露和扩张

国有商业银行改革取得了一定进展，但由于积累的问题多，潜在较大风险，主要表现在：银行业集中度偏高，影响银行业的竞争，公司治理普遍薄弱；按照国际通行的五级分类口径，2003 年底，四家国有商业银行不良贷款比率约为 20％，2003 年底四家国有商业银行资本充足率为 7.62％，但如果严格按照国际审慎资本监管方法计算，资本充足率还比较低，银行负债经营，支付不足风险还很严重。

政策性金融机构职能定位模糊，业务范围迅速膨胀，2003 年底国家开发银行和进出口银行的负债总额分别为 11 904 亿元和 1 139 亿元，分别为资本金的 24 倍和 23 倍，与资本金比例极不相称。

农信社改革取得一定进展，但财务风险仍很严重，2004 年 6 月末，农村信用社不良贷款余额 4 720.76 亿元，不良贷款率达 24.38％，历年挂账 1347 亿元；呆账准备金余额 258.17 亿元，与实际风险资产总量相比严重不足；有价证券投资余额 2 233.77亿元，部分国债投资资金被券商挪用，投资风险开始暴露。

证券市场系统性风险严重，占总风险的 50％以上。国有股减持问题悬而未决，政策无法预期，市场结构和体系存在很大缺陷，缺乏针对投资者的利益保护机制，市场诚信程度较低，监管制度尚不完善，严重打击了投资者信心。

当前保险业的社会信誉度不高，内部人控制问题比较严重，中资保险公司产品单一且雷同，恶性竞争问题严重。寿险公司资产负债期限匹配风险较高，资产平均期限与负债平均期限相差 10～15 年,随着寿险业的迅速扩张,各寿险公司若再不重视资产负债的匹配,在偿付高峰到来时期可能集中爆发流动性风险,严重时会引发偿付能力危机。

(五)分业监管体制下控制金融风险的能力受到削弱

混业经营发展迅速,不断有金融创新产品推出,各金融机构之间的资金流动增多,关联风险增大。银行资金通过各种渠道进入证券市场,国债回购、委托理财、质押贷款均存在较大风险,银证通增加了监管的难度;金融控股公司在缺乏任何法律法规或监管条例的情况下不断涌现,在现有的相关法律法规中,对金融控股公司持不置可否的态度,这种法律真空状态使金融控股公司长期处于灰色地带。在金融控股公司内部风险管理水平较低,股权结构复杂,内部关联交易规模较大,很多公司违反"金融业和工商业相分离"这一国际通行原则,甚至违法融资、帮助非法资金进入资本市场,存在着大量的风险隐患,也造成了巨额损失,新疆德隆集团就是一个例证。

中国严重的金融风险现在没有演化为金融危机,主要是由于经济的高速增长、政权的稳固和国家信用担保发挥着重要作用。但金融风险隐患积聚的时间越长,解决问题的难度也越大,一旦金融危机爆发不仅会影响中国经济的正常运行,也会危及社会的稳定。

四、中国金融性财政风险防范的政策建议

金融风险财政化存在着诸多弊端,因此,金融风险财政化模式的完善,除了要做一些技术性改进外,更重要的是要在政府宏观财政、金融管理体制改革上下工夫。

(一)深化国企改革,理顺和规范银企关系

由于中国金融资源有 60％集中于国有商业银行,而国有商业银行金融资源又有 70％流向了国有企业。国有企业尽管占用了 70％左右的银行信贷资源,但对 GDP 的贡献率却不到 40％。对经济增长的贡献率不到 20％。所以国有企业整体效益不佳是导致金融、财政风险的主要原因。要改善银行信贷资产质量,应深化国企和国有银行的产权制度改革,理顺银企关系,使银行和企业真正成为自主经营、自担风险的市场法人主体。并割断国有企业对国有银行的依赖关系,建立起激活国有企业从而使其具有还款能力的运行机制。

(二)加强银行内部信贷管理

对信贷资产风险变化进行实时监控和调整,提升贷后管理和维护债权的层次,尤其对不良贷款大户要重点关注,并且要建立灵敏的、动态的风险预警机制和处理预案,逐步提高各个层面的风险意识,防止因风险意识薄弱而错失维护银行债权的最佳时机。同时,加大不良贷款的清收力度,积极探索多元化、市场化、批量化处理不良贷款的新渠道,加快不良贷款的处理进程。

要进一步完善责任追究制度,不但要继续加大对违规贷款直接责任人的责任追究力度,而且要逐步扩大责任追究范围,尤其要对因内部因素影响造成银行贷款损失增大的各层面的相关责任人实行严格的责任追究。

(三)加强各银行间的相互合作,共同提高防范化解风险的管理水平

提高风险管理能力是中国银行业的共同任务。需要各银行

间加强沟通与合作,互通有无,优势互补,共同进步。目前,各银行需要在竞争中寻求合作,将合作从务虚转到务实。进行优势互补,强强联合,例如在强化公司业务上的合作、强化货币市场和衍生产品上的合作、强化国内代理业务上的合作、会计制度方面的合作以及与外资银行竞争、宏观经济及调控政策研究等方面都应该开展深入广泛的合作。另外,还应当加强风险信息的沟通,对信用极差、恶意套取或逃废银行债务的企业客户,各银行间要联合进行制裁,避免同业恶性竞争。同时,中国银行业还应积极充实资本,提高核心竞争力,可借鉴国际同业的先进经验。通过各银行间互相持有对方的次级债等方式,打通多种补充资本的渠道,加强资本合作,促进商业银行理性经营,降低经营风险,从而实现速度、质量和效益的全面、健康、协调发展。

(四)加快相关的立法进程,逐步运用市场手段化解金融风险

目前中国在处理金融机构"退出"问题时,主要依据的是《金融机构撤销条例》,与之对应的也只有整顿、接管、关闭等行政手段,损失由政府埋单。不分规模大小、性质差异,对所有金融机构均采取一视同仁的做法,其弊端除了前面已经谈到的几个方面以外,还存在经济运行中的市场功能被弱化,以及政府财力不堪重负等问题。所以针对此类问题,我们应健全立法,建立银行存款保险制度、投资人保护制度,明确各方的权利与义务,将政府从最后埋单人的困境中"解救"出来。

思考题

1. 名词解释

金融风险 公共风险 金融性财政风险 巴塞尔协议

2. 思考题

(1)请简要论述金融危机的分类。

(2)请简要列举金融危机早期预警模型。

(3)如何化解金融性财政风险?

(4)请简要剖析我国金融性财政风险的成因。

(5)请简要评估我国金融性财政风险的现状。

参考文献

[1]肖俊涛:《关于我国财政风险的金融化与金融风险的财政化》,《经济研究参考》2006 年第 93 期(总第 2053 期)。

[2]彭高旺、李里:《中国金融风险财政化问题的研究》,《上海金融》2006 年第 4 期。

[3]陈凤娣:《金融风险"财政化"的制度缺陷及其防范对策》,《福建师范大学学报(哲学社会科学版)》2005 年第 4 期(总第 133 期)。

[4]贾云赟:《金融风险财政化问题及对策》,《中外企业家》2007 年第 2 期。

[5]李宝庆:《试论金融风险及其防范和化解思路》,《陕西金融》1997 年第 9 期。

[6]裴桂芬:《美、日金融自由化与金融监管》,《外国经济与管理》1998 年第 1 期。

[7]曹栓成、牛江涛、马琳:《防范和化解金融风险财政化的几点对策》,《财政监督》2006 年第 23 期。

[8]姜毅:《论我国金融风险的表现、成因及防范对策》,《财贸研究》1999 年第 6 期。

[9]陈柳钦、陈光:《金融风险产生的根源及机理初探》,《商

业研究》1999 年第 5 期(总第 205 期)。

[10]冯水玲、曹卫红、崔海芝:《我国金融风险的表现及成因分析》,《山西统计》1999 年第 12 期。

[11]刘源、王攀:《全球金融危机下对防范我国财政风险的新思考》,《地方财政研究》2009 年第 4 期。

第五章

非金融性国有企业引发的财政风险及其化解

国有企业是中国国民经济的主导力量,牢牢控制着关系国民经济命脉的重要行业和关键领域。目前,中国国有经济控制力在铁路、邮电、民航等行业几乎占 100%,在金融、保险、电力、石油、煤炭等行业占 90% 以上,在冶金、化工等行业占 80% 左右,在外贸、机械、建筑等行业约占 60%,改革开放 30 年来,国有企业改革一直是改革的重点和难点。国有企业经营状况对国家经济能否平稳运行产生着直接影响。

第一节　非金融国有企业财政风险及其度量

由经济体制内在的预算软约束的影响,中国的国有商业银行倾向于向国有企业贷款,国有企业经营状况不佳的问题必然反映到国有银行上来,使商业银行不良资产不断增加。进而转嫁到财政上,产生财政风险。

一、非金融国有企业财政风险要义

随着市场竞争的加剧,国有企业加快了战略调整步伐,但政府仍要加大对特大型国有企业的支持,大量的中小企业的兼并、破产工作也需要政府增加开支。财政用于国有企业离退休职工的支出也将增加,低效益的国有非金融企业的债务风险通过商业银行最终将加大财政负担,国有企业的市场风险利率和汇率风险也有可能最终增加政府的支出压力。在现有的体制下,国有企业还难以成为真正的市场主体,从国有企业30多年来的改革历程我们可以看出,在中国经济体制改革过程中,国有企业改革带来极大的财政风险。

(一)信息不对称,道德逆向选择行为导致的财政风险

所谓逆向选择,是指在事前(签订合同前)由于信息不对称,市场参与者一方故意隐藏相关信息,对于那些财务状况不很乐观的国有企业,为了顺利地取得银行贷款的支持,便会通过包装企业形象,篡改会计信息、编造会计资料,使企业的财务状况得到"改善"。再加上银行对国有企业财务状况进行审查时流于形式,国有企业的这种逆向选择行为是国有银行不良资产形成的一个重要原因。企业在使用银行贷款上的逆向选择行为不仅造成了国有银行的大量不良资产,而且使国有企业的资产负债率持续攀升。资产负债率的持续攀升,早晚会出现不堪重负的情况。进而由国家财政出面对之进行救助,这明显会加重财政的负担,增加财政风险。

(二)国有企业的战略调整加大财政风险

国有企业的战略性调整包括"抓大"和"放小"两方面的内容。"抓大"就是国家要支持少数大型国有企业的调整。大型国有企业控制着中国国民经济的命脉,如果这些企业搞不好,破产倒闭了,整个国家的经济安全就会受到严重的摧残。因

此,在这些企业面临自身无法承担的风险时,国家财政将不得不给予救助,这势必会增加财政的支出负担。"放小"就是对于一般中小型国有企业,其经营方式可灵活多样,可以通过拍卖、租赁、关闭和破产等形式民营化。初看起来,这种思路会减少财政的负担,但在此过程中,国家需要安置大量的破产倒闭企业职工,这无疑会增加财政支出。随着国有经济战略调整的继续深入进行,这项支出还会增加。

(三)国有企业吃国家财政的"风险大锅饭"

经过 30 多年的改革,国有企业内部确实建立了一个有效的激励机制。但与此同时,却没有建立相应的风险分担机制,普遍存在财政"兜底"的预期。在这种情况下,随着改革的深入,出现了普遍的"内部人"控制,所有者(国家)的监督形同虚设,所有者权益得不到保障,企业内部的激励机制与约束机制严重不对称。企业的激励与约束不对称,在市场化程度逐步加深、竞争日趋激烈的情况下,必然造成企业经营者从事大量的冒险活动,而把由此造成的风险留给国家。这种"风险大锅饭"的结果肯定是财政风险的加剧。

二、非金融国有企业财政风险的预警

由非金融国有企业财政风险的危害和影响重大,因此,做好非金融国有企业财政风险的预警工作,对于化解非金融国有企业的财政风险至关重要。

(一)国有企业预警体系的结构和方法

根据企业预警管理理论的思想与原理,企业预警管理体系包括四个要素,即企业外部环境变动的预警管理、企业内部管理不良的预警管理、企业危机的预警管理和预警信息管理系统(如图 5.1)。

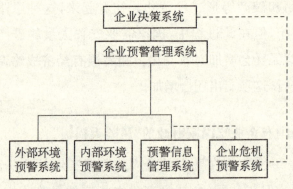

图 5.1 企业预警管理体系的结构

　　企业危机预警系统既受预警管理系统的业务领导,又受企业战略管理系统(决策层)的策略领导,一旦危机征兆严重或陷入危机,则直接隶属决策层的管理。预警信息管理系统的业务活动是完全依附于其他三个子系统运作的,它将另三个子系统的所有监测、识别、诊断、预警的信息统一归纳于专题数据库中,然后按照现代信息管理的方法进行处理,再输出至预警系统和企业信息系统。预警信息管理系统将各种预警的初始信息通过预警管理模型的规范分析提出多方面的对策选择,以供管理人员参考和使用。预警信息管理系统的对策库,即专家知识库和模拟方案库,将对企业可能发生的重大变化预先提出危机管理策略与方案。企业预警管理作为企业转换经营机制的管理模式,在防止失误、扭转亏损及提高现实管理水平方面具有可操作性,方法简捷,易于掌握,投入成本低。

(二)建立国有企业预警系统

1. 国企预警必须同加强资产监管结合起来

加强企业预警管理是保证国有资产的战略性管理工作。办好企业,关键在领导班子,在经营管理者。为有效地保证国有资产保值增值,要把效能监察和企业经营者效绩考核作为企业管理的日常工作来抓,切实提高企业管理的质量、效率和效益。要规范企业内部财务管理,完善企业内部监督机制,为监事会工作的有效开展奠定良好基础。企业要克服依赖思想,制定自我约束的措施,按照新的《会计法》,规范各种财务、会计工作,杜绝假账,做好真账。

2. 企业预警管理必须同减负增效、净化企业经营环境结合起来

鉴于国有企业的历史遗留问题与现状,抓好减负增效、净化企业经营环境工作仍然是项长期工作,只能加强,不能削弱,既要巩固成果,又要防止反弹,有关部门要组织、指导、监督、落实好对企业的各项减负工作,要建立严格的责任制,一级抓一级,层层抓落实。要认真解决治乱减负中出现的新问题。

同时,要加快向社会转移企业承担的保障职能,将企业拥有的集体福利设施,分门别类,加以剥离。

3. 企业预警管理要坚持系统化、科学化、制度化

国有企业应在以下方面建立预警责任制:一是经营者预警申报责任制;二是企业财务会计人员申报责任制;三是公司监事会监督制;四是银行等大的债权人的申报制;五是董事会责任追究制;六是对长期危困的企业要制定防范突发事件的预案。各责任人均有责任在危机的不同阶段、层次提出报告。如

果没有预警,企业发生重大危机和破产,则应追究有关人员的责任。评估企业经营状况的同时,还要就竞争性企业财务效益状况、资产营运状况、偿债能力状况和发展能力状况,对企业处于逆境、危机和风险的程度做出预测和评估,向国有资产管理部门做出报告。

第二节 国外非金融国有企业财政风险及其管理

20 世纪 80 年代以来,国有企业改革成为先发国家、发展中国家和转轨国家共同面临的重大而具有挑战性的问题。尽管各国的国情不同,选择国企改革的方向和路径不完全相同,但是国有企业作为社会化大生产的一种经营组织形式,其发展变化还是有一定规律可循的,各国国有企业改革和发展的一些经验教训,对中国国有经济的深化改革具有一定借鉴意义。

一、国外非金融国有企业财政风险状况

在国有企业的兴起和发展的几十年间,各国都逐步形成了一套行之有效的国有企业管理体制,对中国的国企治理具有参考借鉴价值。

(一)国有企业的整体规模和布局结构的调整

由于各国经济、政治情况有所差异,在发达市场经济国家的国有企业发展程度差别较大,一般来说西欧国家的国有企业整体规模较北美国家大一些。据统计,到 20 世纪 80 年代初,西欧国有企业整体规模平均水平相当于其 GNP 的 15% 左右,而 1982 年美国国企大体为 GNP 的 5%,加拿大为 8%。80 年代以

前,国有企业主要分布在基础设施、公用事业和自然垄断部门以及一些关系国防安全的产业,奥地利、法国等国有企业还分布在一般制造业如电子、汽车、石化、钢铁等部门。进入80年代以后,先发国家掀起了声势浩大的私有化浪潮,涉及的部门十分广泛,除一般工业部门外,连一向由国家直接控制的公用事业,包括铁路、邮政和一些基础工业、军事工业等部门,也在出售之列。经过此番调整,OECD各国国有企业在其国民经济中的规模大体保持在10%左右的水平,北美国家较低,约5%左右,国有企业基本上从制造业等竞争性领域完全退出,收缩到少数基础设施、公用事业等领域。世界银行的一些专家在研究先发国家国有企业发展实践的基础上,提出了一种"抛物线论",即国有企业比重随着工业化发展阶段的升级呈现从低到高,再从高到低的变化趋势。根据这种"抛物线论",似乎国有企业终将消失在"地平线"上。而事实是,只要国家存在,国有企业其特殊的功能和地位就不可能完全消失,但会发生数量和结构的变化。随着知识经济时代的来临,各国政府增加了对知识生产部门的投入就证明了这一点。

(二)国有企业目标的调整

在市场经济国有企业迅速发展时期,各国政府要求所有国家独资或控股的国有企业,都应该考虑整个社会的利益,把社会目标放在首位,纵然企业出现亏损,一般都由国家承担。但是20世纪80年代以后尤其进入90年代以来,市场经济国家国有企业追求的目标进行了校正,除了继续坚持社会目标的同时,把盈利提到重要议事日程,具体地说就是对于从事基础设施和公用事业的国有企业,继续强调其社会目标,但与此同时,通过各种改革措施使这些企业自负盈亏,尽量减少亏损并获利。对于制造加工部门的国有企业则以盈利为首要目标。比如,德国政府在 1990 年 9 月通过了一个《私有化和联邦参股政策的总体方案》,其中规定国有企业要有效益,企业如果长期亏损,要限期整顿,国家财政不能无限制补贴,即使是有特殊公共利益的国有企业,如邮政、铁路,也应该尽可能地提高经济效益。

(三)国有企业产权结构的调整

就国有企业组织形式和产权结构而言,国有企业通常采取三种形式:一是非法人公用事业机构,这是采用国家行政单位的方式来组织提供产品和服务;二是带有公司性质的特殊法人机构,它一般不由普通公司法调节,而由专门的特殊法律调节和管理;三是一般性公司,包括股份有限公司和有限责任公司。20 世纪 80 年代私有化浪潮后,国有企业组织形式和产权结构发生了一些变化:(1)为非法人的国家公用事业机构赋予公司法人地位,如 1990 年法国邮政电讯局改组为两个独立的公司法人。(2)把政府独资公司改为国有资本和私人资本混合组成的股份制公司,有些混合公司发行的股票可以上市,有些公司鼓励本企业职工持有公司股票,如 1990 年法国开始对雷诺汽车公司改组,新组成的公司向私人资本开放,同时持有本公司股票的职工占到公司职工总数的一半。市场经济国家的国企通过改造,特别是采取混合公司政府参股的办法,国有企业管理体制也发生了一些新变化,主要是由原来对国企的政府集权管理转变为政府与企业关系适当分离,切断政府对企业的直接干预,使国有企业拥有完全的经营自主权。

二、美国非金融国有企业财政风险及其管理

在美国,按国有企业资本所有权构成的差别可将其分为完全归国家所有的国有企业和国有混合公司两大类。第一,完全归国家所有的国有企业,这类企业的资本所有权完全由联邦政府或州、地方政府掌握,企业大多通过两条途径形成:其一是政府直接投资所建立的,如国防部所属的军事工业企业;其二是把私有企业的资本所有权全部购买过来所形成的。美国在战时对与战争有关的重要企业实行强行购买,对企业实行国有化;在和平时期,出于维持经济稳定的目的,则对于某些濒临倒闭的私有企业进行接管,买下私有企业,将其性质改为国有。完全归国家所有的国有企业是美国国有企业的主要形式,占全部国有企业的 85%。第二,国有混合公司,这类企业的所有权由政府和私人资本家共同拥有。目前理论上对这类企业的界限划分还不一致。一般来说,在国有混合公司中,国家拥有的股份应占到 51% 以上,但也有人认为,如果国家控制了企业的经营,虽然国有股没有达到 50%,也可以认为这种企业是国有混合企业。在国有混合企业,政府与私人资本家或集团共同拥有几个企业的股份,因此其经营权主要是掌握在拥有股份的私人资本家或集团手中。国有混合企业的产业主要是由美国政府对一些有关整个经济运行的行业以及战略行业中的企业参股而形成的。它一方面有利于政府对这些行业的管理和调控;另一方面又可以使企业参与行业中的竞争,保留私有企业的一些特性。如 1974 年,美国政府就对美国东北部的 6 家铁路公司进行了改组,成立了新的联合公司,向公司委派管理人员,并掌握了新的联合公司的一部分股

权,从而使联合公司成为一个公私合营企业。在美国国有企业中,国有混合企业所占的比重不大,约为 15％,但一些美国经济学家认为,因为国有混合企业比完全归国家所有的国有企业更易为美国垄断资产阶级所接受,估计在未来一个时期会有较大的发展。

(一)政府对完全归国家所有的国有企业的管理

根据其资产组织形式,国有企业包括非公司型的国有企业和国有公司。除国家规定的直接对总统负责的企业之外,政府对国有企业从以下四个方面进行管理。

1. 由专设委员会管辖

国家对国有企业的管理,由有关的部、处以及根据国会各种决议设置的专门常设委员会负责实施。例如,国家对动力建设和动力项目的管理由联邦自然资源开拓局和农业区电气化管理处等机构承担;商业信贷公司属农业部,海外私人投资公司属国际开发合作署,国有原子能工业企业属联邦原子能委员会,等等。

2. 国家运用行政、经济手段管理国有企业

通过政府有关部门的行政指令,确定企业的投资指标,给企业规定指导原则,同企业签订生产合同,利用价格、补贴、税收、工资等经济杠杆对企业活动进行调节;由国家派遣监督员或监督团,对企业实行财物监护,以确保国家对企业利润分配和亏损处置等方面的决定权。同时,国家还有以下权力:规定企业的投资计划和筹集资金的方式,任命企业的主要领导人,并由有关部门规定其工资总额,确定企业的工资水平和退休制度,决定企业的产品或劳务价格、税收制度。

3. 国家在保证其有效控制的前提下,也给企业提供程度不等的经营自主权

企业可以制定计划,对市场、销售等进行分析,自行制定经营决策;企业有权解雇各级人员,并且在人员编制、培训和晋级等方面拥有自主权,企业有权制定各种管理制度,以保证人力、物力和财力的有效利用。此外,企业还拥有法律允许的自行组织权,如设立董事会等管理机构。

4. 政府通过"租赁"方式,把大批国有企业出租给私人垄断组织管理

通常租赁期限为 4 年,承租方要向政府定期交纳租费。租费由折旧费和一部分利润构成。有时,国家只向承租人收取一部分利润,而不收取折旧费,以补偿国家建筑物和设备的损耗。在规定的期限内,承租人可以一直使用国家的生产资料生产商品,国家不予干预。"出租"制度还规定,"被出租"企业的产品要交给国家,由国家把一切生产费用和经营管理企业的"报酬"支付给承租人。

(二)政府对国有混合公司的管理

美国政府对国有混合公司的管理,既不像对待直接管理的国有企业那样,也不是简单出租,更不像对待私有企业那样任其自由经营。美国对这类国有企业管理的指导思想是,宏观上由国家进行控制,微观上企业自主经营,力求使二者能有机地结合起来。政府除委派代表,参加这些公司的董事会外,主要采取以下一些方法进行管理。

1. 实行以主承包商为首的系统承包合同制
由政府作为产品计划的招标人,按照择优原则,选择一家

或数家投标公司为主承包商,一旦确定了投标对象,这家承包商就一方面承担部分订货任务,另一方面把大部分订货任务发包给其他转包商,各转包商又将其部分任务再转给另外一些分包商,如此层层转包,便形成了以主承包商为首按照系统原则组织起来的订货合同制度。

2. 按产品进行管理

由于这类国有企业多集中在军事工业中,所以大部分国有混合企业既生产军品,也生产民品,这是两类区别较大的产品。美国政府对国有混合企业不是采用部门归口的管理办法,而是按产品用途不同的原则,将国有混合公司的产品划分为军品与民品两大类,由企业分别成立"军品生产部"和"民品生产部"来管理的。由于美国的国有混合公司都是股份公司和控股公司,如道格拉斯飞机公司和波音飞机公司等,生产军品和生产民品往往是由不同的子公司分别承担的,各自也都拥有法人资格。这样分产品进行管理不会引起交叉问题,也能较好地保证对合营企业的管理和控制。

3. 充分运用经济手段进行调节

对国有混合企业,美国政府很少运用通常用来管理完全归国家所有的国有企业的行政手段,而主要是运用补贴、价格、税收、信贷等经济杠杆对国有混合企业进行管理调节。如美国政府为了刺激军品生产,它不仅提供生产所需的固定资本,而且还拨给企业一定的流动资金,给企业一定的研究费用,补贴企业进行开发研究。对利润率低的公私合营企业给予各种名目的补贴,稳定国有混合公司的生产。

4. 推行"公私并举"联合开发新技术的体制

在开发新技术过程中,政府在技术开发投入阶段协调企业间的合作,并向国有混合公司提供固定资本和流动资本,还为企业垫付研究和开发费用,承担研究失败的风险;在应用新技术进行商品生产和销售的阶段,政府放手让企业之间进行竞争,而不是干预企业的生产经营活动。

三、日本非金融国有企业财政风险及其管理

日本经济体制通常又被称为"政府主导型"的市场经济体制。其基本特征是:以私有为基础,通过市场配置资源,政府以强有力的计划和产业政策对资源配置实行导向,以达到某种短期和长期的增长目标。

政府对国有企业的管理方式主要分为以下四个方面。

1. 通过制定相应法律来确定国有企业的权利与义务

日本政府对经营公益事业的国有企业通常规定了不同于一般企业的特权与义务,特权主要有:(1)国家保证它们以某种形式实行垄断经营或接近于垄断经营。大多数情况下,国有企业提出的经营申请经由国家批准或许可,垄断便由此得到保证。(2)国家对它们开展经营活动所需的资金给予援助。有的国有企业由国家全部出资或部分出资,有的国有企业国家拥有债券发行权,接受政府低息贷款和债务保证,享受政府津贴。(3)国家给予它们土地征用特权。国有企业在建造公益事业所需设施时,有权征用或使用他人土地。

2. 通过有关制度干预企业财务活动

日本国有企业的预决算、财产处置、资金筹措、剩余资金的运用等均受到政府的制约。

3. 决定企业最高负责人的任命和劳工制度

日本中央政府管理的国有企业中,设有最高决策机构和日

常工作执行机构。虽然各国有企业的最高决策机构所用名称不尽相同,但其职能都是一样的,均采取委员会协商制。各个委员会的委员分别从各界代表人物中选出,委员和各企业最高负责人的任免,须经国会或主管产业部门批准。在职工工资、退休金标准制定方面,除金库、特殊公司和一部分其他特殊法人外,企业不能独自决定,要由主管大臣批准,或由大藏省依据预算调整权进行干预。

4. 对国有企业经营活动实施行政监督

日本国有企业的开设、业务范围、投资范围、业务方式、事业计划、收费标准和停业等重大事项,都受到政府和国会的控制。国有企业法规定主管大臣有业务监督权,除少数例外,他还对特殊法人拥有监督命令、征收报告、现场检查的权限。

四、巴西非金融国有企业财政风险及其管理

巴西的经济体制是在发展中国家实行开放型的有计划市场经济的典型。具体可以从三个方面进行描述。

首先,从所有制结构来看,巴西的所有制结构由国有资本、私人资本和外国资本构成。从总体看,在 20 世纪 60 年代初,投入巴西工业部门的资本有一半以上由外国财团掌握和控制。到 20 世纪 60 年代中期至 70 年代初,巴西国家资本在推动经济发展中发挥主导作用。这一时期,新建国有企业 210 个,占国有企业总数的 60%。同时,这个时期合营企业的发展也较快,几乎遍及了所有经济部门。巴西的国家资本已成为实力雄厚的、占主导地位的经济成分。这种所有制结构较有利于加强国有企业在国民经济中的主要作用和调动国内外私人资本的积极性。

其次,从决策结构来看。决策权的分配属于集中和分散相结合的类型,即分散决策是基本的、大量的,中央政府集中掌握少量重要的经济决策权。在决策权的性质、来源和影响及其变化等方面,它却显示出一些特点。

巴西政府的决策身份是双重的。一方面作为发展国民经济的指导者和推动者,把发展战略、增长速度、经济政策、重大比例关系等重大决策权掌握在自己手中。另一方面,它又作为国有企业的所有者,通过选派董事会成员掌握控制国有企业的重要的经营决策。这两种决策的结果主要以计划指导、公共和基础部门投资及国有企业管理经营等方式来体现,因而决策对当事人的影响和推动程度是随政府的计划能力、投资能力和经营管理能力的加强而增大的。

再次,巴西通过经济计划来实现资源的配置。巴西的国家计划有两种形式:一种是政策性计划;另一种是指示性计划,规定有一些计划指标,但这些指标也是指导性的。国家没有指令性的实物生产计划,也没有物资分配计划,市场是开放性的。从计划的性质来看,计划的目的是在平衡各部门的发展,而不是让哪一个实力最强的经济部门拔尖;较公正地分配国民收入,以扩大国内市场;立足于本国,做到能源长期自给自足。

巴西政府运用各种经济手段对国有企业进行管理,使国有企业成为稳定经济发展的平衡器。在税收上,政府一方面通过税收政策促进新兴产业的成长。另一方面,政府通过税收政策扶植落后地区的发展。在价格上,政府为了稳定经济发展,控制通货膨胀,对国有企业产品的价格采取了严格管制的政策。在外贸上,政府采取了奖出限入的政策,以减轻巴西的外债负担。此外,政府还对企业引进外国先进技术规定了国产化的具体时间,以促进企业尽快消化外国的先进技术,生产出进口替代产品。

第三节 中国非金融国有企业财政风险的化解

亚诺什·科尔奈(Kornai)把计划经济中的国有企业一旦发生亏损,国家(或政府)常常要追加投资、减税,并提供其他补贴,国有企业经理也预期会得到国家的财政支持现象称为"预算软约束"。国有企业往往扮演着财政体制之外的提款机的作用,由此产生的各种风险自然地转移到财政身上,形成财政债务风险。

一、中国非金融国有企业财政风险的表现形态

与财政风险有关的国有企业债务包括很多种,它们有的直接表现为政府债务,有的间接表现为政府债务,有的是现实的债务,有的是或有的债务。

(一)企业债务重组中的财政支持过大

国家鼓励债务负担重的国有企业以企业兼并、企业改制等方式进行债务重组,债务重组企业可以享受到国家给予的减免债务优惠措施。国有企业债务重组过程中一方面容易发生国有企业悬空和逃废债务,减少国家的财源,另一方面债务重组中出现政策抵消。目前,国家解决不良负债风险的重点在银行,但是并未减轻企业不良负债对银行造成的贷款风险,并没有解决银行惜贷的问题,特别是在债转股中,国家财政投资400亿元组建大型金融资产管理公司,这类资产的经济强度差,缺乏发展的预期基础,还存在资产之外的各种直接或间接的担

保,债转股中三方之间又都带有国有性质,交易是政府主导下的关联交易,产生恶性债务循环在所难免。

(二)亏损企业的财政挂账

目前,国有企业亏损挂账较为普遍,最主要的是粮食和棉花亏损历史挂账数额大。1985～2006 年财政对企业亏损补贴如表 5.1 所示。国有企业潜亏也很严重,即使是经营性亏损不属于政策补贴范围,但是由于体制的原因,同样是隐性赤字,构成财政缺口。

表 5.1　　　　　　　1985～2006 年财政对企业亏损补贴　　　　单位:亿元

年　份	企业亏损补贴
1985	507.02
1990	578.88
1991	510.24
1992	444.96
1993	411.29
1994	366.22
1995	327.77
1996	337.40
1997	368.49
1998	333.49
1999	290.03
2000	278.78
2001	300.04
2002	259.60
2003	226.38
2004	217.93
2005	193.26
2006	180.22

(三)企业直接融资的风险

国有企业通过直接融资方式,例如发行企业债券和签发商业票据等方式筹措债务资金,虽然是向社会公众获取资金,具有硬约束性质,但是由于国有企业产权制度存在的非排他性及代理问题等,容易造成效益低下,经营不善,可能引致信用风险和经营风险,再加上企业财务风险的放大作用,同样加剧金融体系的不稳定,在企业无法偿还的情况下,迫于社会的压力,财政承担风险。

二、中国非金融国有企业财政风险的成因剖析

从表现形式来看非金融国有企业财政风险产生的原因很多,总结起来主要有以下几个方面。

(一)政企关系不顺

首先,政府与国有企业关系不顺是国有企业走向市场的一大障碍,也是产生财政风险的原因。具体表现为政府作为所有者的身份与国有资产保全相矛盾。政府始终没有彻底割舍与国有企业的资金软预算约束关系,对国有企业负无限责任,存在一种"父爱"情结。中国国有企业总的资产负债率高居不下,如果没有政府支持,大批企业将破产,即使有了政府支持,只要国有企业没有根本好转,财政仍然面临极大的债务风险。其次,政府与国有商业银行的关系不顺。国有银行一方面体现政府的宏观调控政策,另一方面是特殊的企业。国有银行吸收居民储蓄,对居民有很强的负债约束,但对国有企业的贷款却是软约束,银行不得不继续弥补企业资金缺口,国有企业债务的无底洞,形成银行大量不良资产,造成经济运行的风险。如果银行坚守向储户付款,财政必须承担替银行还债的危险,如果不履行向储户付款的原则,无异于政治破产。政企关系不顺也

是市场经济不发达的表现，政府代替市场和企业决策，企业取代政府某些功能。

(二)软预算约束引发道德风险

对于国有企业，由于存在着双重的委托代理关系，即：国家把企业委托给了政府，政府又把企业委托给了经理，出现了国有企业中所有权与经营权分离的情况。两权分离会导致一系列的问题：在观念上，中国国有企业的厂长、经理在现行体制下大多被看作国家干部而不是具有独立利益的经营者，再加上国有企业的倒闭对管理者的个人利益也没有重大影响。他们在一个企业经营不善还可以转到别的企业或别的工作岗位，正是由于国有企业的管理者不必为经营的后果承担全部责任，因而易于产生道德风险。事实上，随着社会主义市场经济的不断完善和发展，一个国企经营者的真实思想可能与一个市场中的普通商人相差无几。他既可以把企业经营好，实现政府规定的任期盈利指标，并且为企业留下足够的发展后劲；也可以在企业的生产经营中，或采取短期行为，在企业利益与自身利益冲突时，以追求自身利益最大化为依据；或加大在职消费，建立小金库，甚至收受贿赂，贪污腐败。

国有企业中存在的道德风险行为主要是由于委托人与代理人之间的信息不对称、责任不对等以及契约的不完全等造成的。同时，又由于经营者的行为具有理性和自利的特征，从而导致为追求自身的利益而损害委托人的利益，而且又无需对经营后果承担全部责任，这样，经营者的偷懒、机会主义行为、"搭便车"、"耍花招"等道德风险问题也经常出现，而委托人几乎看不到他的"行动"。

(三)国际间的法律冲突性风险

随着经济全球化的不断深入和中国加入世贸组织后对外的扩大开放,国有企业将直接面对着在全球范围内的资源、人才、技术、产品和服务的市场竞争,同时也使国有企业面临着利用两个市场、两种资源,在全球范围内优化配置资源、加快产业结构调整和优化升级的机遇。面对竞争和机遇,国有企业面临的法律风险将越来越大,特别是"走出去"参与境外竞争与合作,对国有企业依法决策和依法经营提出了更高要求。近几年来,国有企业特别是中央企业"走出去"步伐进一步加快。在"走出去"的过程中,我们遇到的最大困难,一方面是对当地的法律规定不十分清楚,对有关国际条约、协议不十分了解,因而时常引发涉外法律诉讼,造成工作被动;另一方面是我们有的企业法律意识不强,违法违规现象时有发生,既给企业造成重大损失,又给国家形象带来不良影响。中央企业要"走出去",先要法律走出去,否则就要吃大亏。在经济全球化趋势进一步增强的新形势下,能否有效防范企业法律风险,是对企业决策水平和经营能力的重要检验。

企业竞争的实质,已不仅仅是竞争双方技术、资金、人才方面的较量,而且还是法律、规则和标准上的较量,而这种较量依靠的主要手段就是知识产权。据国资委"企业知识产权战略与管理指南"课题组的问卷调查,中央企业及所属子企业中有50%以上的企业主要产品及其工艺没有专利技术,40%以上的企业主要产品没有注册商标,在相当程度存在着"有制造无创新、有创新无产权、有产权无应用,有应用无保护"的现象。知识产权是一种无形财产,它的法律风险造成很大的财政损失,会引起财政风险。

三、中国非金融国有企业财政风险防范的政策

国有企业在中国现有的体制下还难以成为真正的市场主体，国有企业经营不良的财政风险成为了政府为干预经济所付出的成本。需要寻求制度创新和财政创新，化解和防范财政风险。

（一）重构政企关系

化解和防范财政风险的条件是重构政企关系。市场经济下，政府与企业是两种不同性质的组织。政府是政权机关，虽然对国家的经济具有宏观管理的职能，但是这种管理不是对企业生产经营活动的直接干预，而是实行间接调控，即主要通过经济手段、法律手段及发挥中介组织的作用对企业的活动和行为进行调节、引导、服务和监督，以保持宏观经济总量的大体平衡和促进经济结构的优化，保证公平竞争，健全社会保障体系，保护经营环境。企业是以营利为目的的经济组织，是市场活动的主体，它必须按照价值规律办事，按照市场要求组织生产和经营。因此，政府和企业在组织上和职能上都是严格分开的，不能以政代企，或者以企代政。

（二）防范与化解国有企业运行中的道德风险

中国国有企业改革过程中之所以会出现众多的道德风险问题，其最根本的原因就在于产权不明晰。代理人对自己所营运的资产没有实际支配权，没有剩余索取权，他们就会以一种事不关己的态度来对待自己的经营管理活动，而且只要一旦有

机会就会损害委托人利益,为己谋利。长期以来,中国国有企业一直处于一个外部环境不确定、市场竞争不公平的条件下,政策性负担很重,企业经营状况的好坏与各级代理人的努力程度并不正相关,这样一来必然为代理层道德风险的出现提供"温床"。需要强化各级委托人对代理人的监控力度,克服约束极弱的弊病。运用竞争杠杆的力量,为各级代理人特别是企业经理层和职工层提供一个良好的外部环境和约束机制,形成竞争局面。

(三)健全责任追究制度

要完善国有企业资产管理责任制度,规范企业资产损失责任追究行为,有效落实国有资产经营责任,推动企业经营管理人员正确履行职责,提高企业经营管理水平,切实维护国有权益,建立国有资产损失责任追究制度是落实企业资产管理责任,规范企业经营管理行为、促进实现国有资本保值增值的重要保障。2003年国资委组织开展了中央企业清产核资工作,清查处理了以前年度形成的各类资产损失。从资产损失形成的原因分析看,多数是有关人员违反国家规定或企业规章制度,未履行或未正确履行职责造成的损失。

思考题

1. 名词解释

国有企业财政风险　预算软约束　逆向选择　道德风险

2. 思考题

(1)请简要论述非金融国有企业财政风险要义。

(2)请简要论述国有企业预警体系的结构和方法。

(3)如何化解非金融国有企业财政风险?

(4)请简要剖析我国非金融国有企业财政风险的成因。

(5)请简要评估我国非金融国有企业财政风险的现状。

参考文献

[1]李桂平:《国有企业债务与财政风险》,《经济研究参考》2001年第94期。

[2]魏云芳、陈茜:《国企治理的国际经验》,《董事会》2005年第3期。

[3]陈少强、姜宇:《经济运行变化引致的财政风险分析》,《湖北财税》2003年第24期。

[4]张晖、倪桂萍:《财政补贴、竞争能力与国有企业改革》,《财经问题研究》2007年第2期

[5]文艺文:《委托代理、道德风险与国企改革》,《经济问题》2002年第4期。

[6]乔晓华:《我国国有企业道德风险问题剖析及有效解决途径》,《经济师》2005年第10期。

[7]国务院国有资产监督管理委员会:《中央企业全面风险管理指引》2006年6月6日。

[8]张平:《国有企业财务风险与财政风险间的相互转化问题》,《经济论坛》2004年第4期。

[9]王贵民:《国有企业制度变革引发的财政风险》,《经济研究参考》2007年第36期。

第六章 地方政府债务风险及其防范

改革开放以来,各级地方政府一直承担着促进地方经济发展、扩大基础设施建设和补贴国企亏损的责任,加之庞大的具有刚性的政府运行和人头经费支出,财政收支缺口较大。各级地方政府或直接或间接地借入内外债务,积累了相当规模的债务责任和还本付息压力,财政风险逐渐加大。

第一节 地方政府债务风险及其度量

当地方政府出现拥有的公共资源不足以履行其承担的支出责任和义务,可能导致经济、社会的稳定与发展受到损害的时候,我们就可以认为地方政府出现一定的财政风险与债务危机。

一、地方政府债务风险要义

地方政府债务风险就是各级地方政府在组织收入和安排支出的过程中,由于财政制度和财政手段本身的缺陷以及各种经济因素的不确定性,造成地方财政收支矛盾激化,破坏财政稳固与平衡的可能性。

地方政府作为债务人,由于过去的交易或事项而引起的地方政府债务将会导致经济资源外流,形成政府现有责任。这一界定至少包括了以下三层涵义:第一,地方政府债务不仅仅是指地方政府通过发行具有一定票面价值的债券所形成的债务;第二,地方债务除了包括地方政府通过信用手段取得的财政收入之外,还应当包括地方政府的某些欠款,即一些应付未付的款项;第三,地方政府债务应包括地方政府担保的部分债务。

按照债务是否需要特定的条件,可以将地方政府债务分为直接债务和或有债务。直接债务是指不需要特定事项的发生,在任何情况下地方政府都需要承担支付责任的债务。或有债务是指基于特定事件发生的地方政府债务。按照债务的发生是否属于法定义务,可以将地方政府债务分为显性债务和隐性债务。显性债务是指建立在某一法律或合同基础之上的地方政府债务。隐性政府债务是指不以某一法律或者合同为基础的,产生于公众预期或者政治压力的,由地方政府承担偿付责任的债务。这两种分类形式相互交叉,组成地方政府债务的四种类型,即直接显性债务、直接隐性债务、或有显性债务和或有隐性债务。直接显性债务包括外国政府贷款、国际金融组织贷款、国债转贷资金、农业综合开发借款、解决地方金融风险专项借款、国内金融组织其他贷款、向单位借款、向个人借款、拖欠工资。或有显性债务包括政府担保的外国政府贷款、政府担保的国际金融组织贷款、政府担保的中外合资融资租赁公司特定贷款、政府担保的国内金融组织贷款、政府担保向单位借款、政府担保向个人借款、粮食企业亏损挂账、拖欠企业离退休人员基本养老金及其他。

按照地方政府债务的表现形式可以分成规模风险、结构风险、效益风险、管理风险、隐性风险。规模风险是指由于债务规模过大可能导致的到期债务不能完全支付的风险;结构风险是指地方政府债务中,不同种类的债务对地方财政构成的威胁;效益风险是地方政府举债后对整个社会经济带来的各种效益;管理风险是地方政府举债过程中由于官员管理不善带来的风险;隐性风险就是在地方政府举债过程中由于外部环境的不确定性给政府带来的或有风险。

二、地方政府债务风险的度量

政府债务规模主要受两个方面的制约:一是地方经济发展水平决定着政府债务规模的大小。地方经济发展水平越高,经济总量越大,则政府债务规模越大。二是政府债务规模受到政府偿债能力的制约。衡量政府偿债能力主要有两个因素:国内生产总值和地方可支配财力的大小。一般来说,政府债务规模与地方经济总量成正比;政府偿债支出量与政府可支配财力成正比。至于地方债务规模可以有多大并且保证地方政府债务风险在合适的范围内,则要视地方经济总量和政府可支配财力规模而定。国际上通常采用债务负担率、偿债率和债务依存度这三个指标来衡量政府债务规模是否适度。有些国家也采用比较详细的规模控制方法来度量地方政府债务,具体包括如下指标(见表6.1)。

表 6.1　　　　　　　　地方政府债务度量的主要指标

指标	公式
负债率	年末政府债务余额/当年地方 GDP
债务率	年末政府债务余额/当年财政收入
新增债务率	当年新增债务额/当年财政收入增量

续表

指标	公式
偿债率	当年债务还本付息额/当年财政收入
利息支出率	当年利息支出额/当年财政收入
债务依存度	当年举借债务数额/(当年财政支出＋当年债务还本付息额)
资产负债率	年末政府债务额/年末政府资产额
担保债务比重	年末担保债务余额/当年财政收入

(一)债务负担率

债务负担率是当年债务余额占当年地方生产总值的比重，是国际上确立的公认的政府债务警戒线，地方生产总值反映了一个地区的偿债能力，是最终的偿债基础，主要反映地方经济总规模对政府债务的承载能力及地方政府的风险程度，或地方经济增长对政府举债的依赖程度。指标值越大，说明风险越高；反之亦然。对一国政府的外债，国际公认的负债率警戒线为 20%，高于此值即被认为进入风险区。但对地方政府举借的内债，各国基于其特定的国情，指标口径不同，警戒线数值迥异。如美国规定负债率(州政府债务余额/州内生产总值)警戒线在 13%～16%之间；加拿大规定负债率不得超过 25%。西方国家和国际经济组织经常使用这一指标，例如欧盟国家加入单一货币联盟的条件是债务负担率低于 60%，国际经验表明，先发国家债务负担率的一般在 45%左右，它与先发国家财政收入占 GDP 的比重为 45%左右有关。即债务余额与财政收入的数值相当时，也就达到了适度债务规模的临界值。超过此界限就意味着债务危机或债务风险。

(二)债务率

债务率反映地方政府通过动用当期财政收入满足偿债需

171

求的能力,该指标是对地方政府债务总余额的控制。目前国际上对各国地方政府债务率没有统一标准,但从各国实践看,该指标大多在100%左右。如美国规定债务率(州或地方政府债务余额/州或地方政府年度总收入)为90%～120%;新西兰要求地方政府债务率小于150%;巴西规定借款额不得超过资本性预算的规模,州政府债务率(债务余额/州政府净收入)小于200%,市政府债务率(债务余额/市政府净收入)小于120%;俄罗斯规定地方政府借款额不得超过"俄联邦体制下各自预算体系的收入总额";哥伦比亚规定债务率(债务余额/经常性收入)按要求不得超过80%。

(三)新增债务率

新增债务率反映地方政府当期财政收入增量对新增债务的保障能力,这是对地方政府债务增量的控制指标。巴西规定新增债务率(新增债务额/政府净收入)小于18%;日本规定新增债务率不得超过9%,同时,对当年地方税的征收比率不足90%或赛马收入较多的地方政府,限制发债。

(四)担保债务率

担保债务比重反映地方政府的担保风险。哥伦比亚规定地方政府用作借款担保的收入额占担保借款总额的比例为150%;巴西规定担保债务比重(政府担保余额/经常性净收入)必须低于22%。

(五)偿债率

偿债率是应偿还的债务总量占当年财政支出的比重,主要反映政府财政支出中用于偿债的负担程度。国外通常认为偿债率指标应控制在 10％为宜。

（六）利息支出率

利息支出率反映地方政府通过动用当期财政收入支付债务利息的程度。将地方政府借款需求同偿债能力挂钩，可以有效遏制其扩大债务规模的冲动，同时能够在较大程度上避免地方政府出现债务危机时对中央政府的"倒逼"行为。如美国马萨诸塞州规定，州政府一般责任债券的还本付息支出不得超过其财政支出的 10％；新西兰规定利息支出率 1（净利息支出/财政收入）要小于 15％和利息支出率 2（净利息支出/地方税收收入）要小于 20％；哥伦比亚规定利息支出率（债务利息支出/经常性盈余）在 40％以内，同时债务率在 80％以内，政府方可举债；韩国地方政府规定偿债率（前 4 年平均还本付息额/前 4 年平均财政收入）必须低于 20％；波兰规定年度偿债额加担保债务额不得超过当年税收收入的 15％。

（七）资产负债率

资产负债率反映地方政府的资产负债结构及其总体风险状况。该指标有两个影响因素：地方政府债务余额和地方政府的资产总额。但从目前各国的实际情况看，受政府会计核算体系制约，相当一部分国家真实、完整地核算地方政府资产额还有较大困难，只有实行了权责发生制的国家控制地方政府债务规模时选用这一指标。如美国北卡罗来纳州的法律规定，该州地方政府的资产负债率不得高于 8％；新西兰规定资产负债率不得超过 10％。

(八)债务依存度

债务依存度反映当年地方政府财政支出对借款的依赖程度。日本规定债务依存度(公债/一般财政支出)在 20％以上的地方政府,不得发行基础设施建设债券,20％～30％之间的地方政府不得发行一般事业债券;俄罗斯规定该项指标(年地方借款/预算支出)不得高于 15％。

三、地方财政风险的预警

地方财政风险预警是一个完整的系统工程,是在预警监控时所涉及的各个环境和行为进程中设立的各种采集、测评、调节和控制的综合体。同时,这个综合体也要对预警监控时的各种行为提供完善和全面的决策依据,为未来的风险控制和失误改正提供工作准则,也为各种监控提供手段和工具。

风险预警的实施进程可以归纳为风险识别、风险估测和风险评估三个大的阶段。风险识别是对潜在的各种风险进行系统的归类和全面的分析以掌握其性质和特征,便于确定哪些风险应予考虑,同时分析引发这些风险的主要因素和所产生后果的严重性,这个阶段是对风险进行定性分析的基础性工作;风险估测是通过对所收集的大量资料的研究,运用概率论和数理统计等工具估计和预测风险发生的概率和损失幅度,这个阶段工作是对风险分析的定量化,使整个风险管理建立在科学的基础上;风险评估是根据专家判断的安全指针,来确定风险是否需要处理和处理的程度。

第二节　国外地方政府债务风险及其管理

地方财政风险在国际上普遍存在,有的国家在防范风险方面积累了丰富的实践经验,如美国形成了较为健全的地方政府债务风险预警和控制机制;日本政府通过严格的地方政府债务计划与协议审批制度,地方政府债务实行精细化管理。

一、地方政府债务风险管理模式

为了保护中央政府和国家金融系统不至于被迫置于地方政府过度举债的风险敞口之下,大多数国家都以不同的方式对地方政府举债进行了一定程度的限制。例如,德国的银行法规定地方政府不允许向中央银行借款;州宪法规定,政府的举债收入限于"预算中用于投资目的的支出部分";地方政府的举债同其资金流动联系起来,并受到州政府的控制。在德国,普遍认为这些限制是构成低通货膨胀率、货币坚挺和德国公共财政稳定的基础。日本对各级地方政府的行政审批制;印度对邦政府在没有中央政府许可的情况下不许借款的禁令,等等。关于为防止地方政府过度举债而做出的种种限制,实际上可以归纳为以下四种类型。

1. 市场约束

中央政府直截了当地拒绝参与地方政府和其贷款人之间的交易,依靠市场约束来控制地方政府债务。这是加拿大、法国和葡萄牙等国家对地方政府举债所采用的最主要的限制方法。然而,这种对地方政府举债听之任之的控制办法要求有一系列的条件,其中,最为重要的是中央政府不干预的承诺必须说到做到。

2. 行政控制

采用行政手段对地方政府举债行为进行控制。例如,规定地方政府每年的借款额,或者要求地方政府的举债必须得到中央政府的授权等。这种控制方法一般都要经过政治上的讨价还价,而且,由于中央政府介入其中,甚至可能使中央政府更加难以拒绝或者援助危机中的地方政府。主要采用这种控制方法的国家有英国、西班牙、希腊等。

3. 合作式控制

依靠中央政府与地方政府之间的合作,共同确定合适的债务水平。这种方式在一定程度上摆脱了单纯依靠行政权力的控制,但是,由于仍无法完全摆脱中央政府与地方政府之间的讨价还价,因此,这种方法仍然只是分权体制下的一种折衷选择。澳大利亚、比利时、丹麦等国家主要采用这种控制方法。

4. 制度控制

这是一种建立在各种规章制度上的对地方政府举债行为的一种控制方法。如制定地方政府偿债比率的上限,或者对地方政府举债的种类和目的规定某些限制。这种控制方法相对而言较为透明,而且在一定程度上减少了政治上的干预。但是,这种方法的运作能否成功,仍然要依赖于监管力度的增强和市场的约束力量。美国、德国、意大利等国家主要采用这种控制方法。

从上述控制地方政府债务风险的四种方法可以看到,这些方法各有优劣。因此,各个国家通常都是把上述四种方法结合起来加以运用的。但是,从根本上说,除非同时实行市场约束以及中央政府坚决做到"不予援助",否则,任何规定和限制的效果都会大打折扣。

二、美国地方政府债务及其管理

美国是一个市场经济制度比较完善而且财政经济实力强大的联邦制国家,州和地方政府拥有自身的财政体制,同时得到联邦政府的大量财力支持。州政府的大部分收入来自于销售税和所得税,地方政府则主要依靠房产税。在地方政府债务管理方面积累了很多的经验,值得我们学习和借鉴。

(一)美国地方政府的债务规模

20 世纪 60 年代以来,美国地方政府债务呈大幅度增长趋势。如表 6.2 所示,负债总额从 1964 年的 922 亿美元增加到 1991 年的 9 155 亿美元,人均负债则由 1964 年 480 美元增加到 1991 年的 3 623 美元。但值得注意的是,美国地方政府债务规模与地方政府的经济规模(占 GDP 的 13%~16%)、地方政府每年的全部收入相比(约相当于年度地方财政收入的 90%~120%),仍然保持着相对的稳定。当然,当地方政府借新债还旧债时,债务的相对规模会有一定的波动,由于地方政府的大部分债务是用于资本计划支出,地方政府的负债和资产基本保持着平衡。

表 6.2　　　　　　　　　　美国州和地方政府未付债务

年份	总债务(10亿美元)	人均债务(美元)	债务占GDP比重(%)	债务占每年收入比重(%)	州债务份额(%)	地方债务份额(%)
1991	915.5	3 623	16.1	118	37.7	62.3
1990	860.6	3 460	15.6	119	37.0	63.0
1987	718.7	2 953	15.9	110	37.0	63.0
1982	399.3	1 719	13.0	90	36.9	63.1
1977	257.5	1 190	12.9	86	35.0	65.0

年份	总债务(10亿美元)	人均债务(美元)	债务占GDP比重(%)	债务占每年收入比重(%)	州债务份额(%)	地方债务份额(%)
1972	174.5	838	14.4	97	31.2	68.8
1967	114.6	579	14.0	122	28.3	71.7
1964	92.2	480	14.5	133	27.1	72.9

资料来源:[美]费雪著,吴俊培总译校,《州和地方财政学》(据原书第二版译),中国人民大学出版社 2000 年版。

(二)健全的地方财政风险预警机制

美国俄亥俄州的风险预警机制模式是较为健全的。该州建立了地方财政监控计划体系,由州审计局负责执行,并在《地方财政紧急状态法》中详尽规定了这个监控体系的操作程序。首先,对地方政府进行财政核查,以确定地方财政是否已接近紧急状态。如果一个地方政府的财政状况符合以下三种情况中的任何一种,审计局就宣布其进入"预警名单",并对该地方财政进行监视:一是在财政年度末,普通预算中逾期超过 30 天的应付款再减去年末预算余额后超过这一年预算收入的 1/12;普通和专项预算中逾期超过 30 天的应付款减去普通和专项预算结余后超过该财政年度收入的 1/12。二是上一财政年度的总赤字,减去所有可被用以弥补赤字的普通和专项预算资金,超过本年度普通基金预算收入的 1/12。三是财政年度末,地方政府金库所持有的现金及可售证券,减去已签出的支票和担保余额,其价值少于普通和专项预算的节余额,且此差额超出前一财政年度金库收入的 1/12。其次,如果州审计局发现该地方政府财政状况进一步恶化,则将其从"预警名单"中移至"危机名单"。

(三)规范的地   政府融资体系

美国地方政府主要通过发行市政债券、银行借款和融资租赁等形式进行债务融资。其中,市政债券是美国地方政府债务的最重要形式。美国是发行地方公债较早的国家,也是地方债务规模较大的国家。20 世纪 60 年代以来,美国地方政府债务呈大幅度增长趋势。债务规模与地方政府的经济和财政收入规模一直保持着相对稳定的比例。对地方政府而言,地方市政机构承担的直接债务比例较低,因政府担保而形成的或有债务比例较高。

美国州与地方政府发行的短期债券按其用途可分为预付税款券、预付收入券、城市改造工程债券等。预付税款券和预付收入券这两种债券都是为弥补州和地方政府财政收支不同步所产生的差额而发行的。城市改造工程债券是城市改造机构为城市改造工程筹集短期资金所发行的短期债券,这种债券一般由州和地方政府做担保。美国还通过制定和完善相关法律法规,加强法律约束,提高地方政府发行市政债券的透明度。

（四）加强预算管理和预算约束力

经过长期的探索,美国已经形成了一套比较行之有效的加强地方政府债务管理的预算制度体系。在美国,几乎各州的宪法或法令都要求实施平衡预算规则,即先由州长递交平衡预算执行议案,在经过州立法机构通过后,由州长签署发布。除印第安纳、得克萨斯、佛蒙特、弗吉尼亚和西弗吉尼亚等 5 个州外,其他 45 个州都要求州长每年向立法机关递交平衡预算议案,其中,15 个州的宪法和法令对此都有明确要求,其余 30 个州则只在宪法或法令中做出了规定。第二级次的财政限制体现在州立法机关颁布的平衡预算法案上。目前,美国 41 个州有此要求,其中,11 个州的宪法和法令都有明确要求。倘若预算执行过程中出现财政赤字,州政府可以举债,并将当前赤字转到下一财政年度。由于财政年度末期没有限制性财政约束,这些州从法律上讲允许出现赤字,这是另一类型的"事先规则",有8个州施行该规则。第三级次的限制是允许州政府年末有赤字,但必须反映在下一财政年度的预算中,并确保能够偿还,这种规则被称之为"事后规则",美国的10个州施行该规则。平衡预算规则中最严格的限制是立法机关颁布平衡预算法令,要求预算执行中出现的赤字必须在财政年度末期予以消化,并禁止结转到下一年度。政府借债只允许在预算周期中出现。这种"事后规则"对平衡预算有严格的要求,它在美国的35个州中施行。

美国平衡预算规则的长期实践表明,缜密的预算规则及其强有力的执行机制有助于规范地方政府财政支出,减少或避免地方政府的过度支出行为,防止地方政府过度负债。

三、日本地方政府债务及其管理

日本是实行地方自治制度的单一制国家。1879年,日本确立了"举借地方政府债务必须通过议会决定"的原则,1888～1890年间先后颁布《市制及镇村制》、《府县制》、《郡制》,地方政府债务管理制度不断完善。

(一)日本地方政府债务规模

1940年,首次实行地方政府债务年度总额控制,发债主体以大城市为主,发行对象为实力雄厚的大银行及信托投资公司。早在明治三十二年(1899年)的法律条文中,就承认了府县一级政府的举债权,但举债的具体事项,如举债额、偿还方式等需经内务大臣和大藏大臣批准。目前,日本地方政府债务的发行主体为都、道、府、县以及市、町、村等,此外,日本地方自治法也赋予了特别地区、地方公共团体联合组织以及地方开发事业等特殊地方公共团体举债权。从 1993 年起地方政府新增举债快速增长,其中 1993~1998 年年均增长 1 万亿日元左右,到 2003 年地方政府新增举债达到峰值,为 17 万亿日元。目前,日本地方政府债务最重要的特点是债务余额规模庞大,2007 财年高达 199 万亿日元,全球排名第二,仅次于美国。

(二)地方政府债务风险控制

日本地方政府债务风险控制经历了从审批制到协商制的转型,同时采用风险预警和财政重组的精细化管理,控制地方政府债务风险过大。

从 2006 财年起,基于分权化改革,严格的审批制转变为协商制。这一改革给予地方政府举债更多的选择权,有利于地方政府更加顺利、平稳的举债,增加地方政府的财政收入,巩固地方财政的稳健程度。

地方政府举债首先须经地方议会批准,然后与中央政府就有关问题进行协商,总务大臣审核地方政府的财政状况及债务的安全程度以确保地方政府债务的安全性。地方政府的财政状况满足一定条件下可直接举债,无须总务省批准,但如果相关指标超过一定限额,则需经总务省批准后才可举债。向中央政府借款,地方政府首先要向财务省提出借款申请,此类借款规模受到总务省严格限制。县级政府自身通过发行公募债券融资的能力较强,因此中央政府更加倾向于将资金借给一些级次较低的地方政府(市、町、村)。向银行借款,地方政府需要与指定的银行债权人协商借款金额、期限、方式和利率等相关事项。发行公募债券,与金融机构协商债券利率等相关问题,公募债券在不同地方政府之间利率差一般在 15 个基点以下。

　　风险预警体系的引入,根本目的是通过预警避免地方政府陷人债务危机从而导致破产。表 6.3 列明了地方政府必须披露的 4 项财政指标,涵盖了包括预计负债在内的全面财政状况。这些指标限制增强了公众监督地方政府财政稳健程度的力度。在现有的预警体系下,4 项指标中的每一项都必须符合规定限额。如果其中一项突破限额,就需要在中央政府的严格监管下制定财政重组计划,以使指标符合规定。财政重组的过程中,地方政府需要采取多种措施降低公共支出,增加财政收入,而这样做的负面影响是减少了政府提供的公共服务迫使当地居民离开家园。财政重组计划须由外部审计人员每年进行审计,由地方议会批准并向中央政府报告。同时,地方政府每年将计划执行情况向中央政府、议会和公众报告,如果执行中有问题,中央政府向地方政府提出改进建议,财政重组计划的相关法律规定。风险预警体系的引入,对道德风险有一定的威慑作用,有时甚至比市场规则的约束力更强,而且对减轻纳税人的负担也有一定的作用。

表 6.3　　　　　　　　　　早期预警与财政重建计划的限制

	早期预警	财政重建
(1)实际赤字率(赤字额/标准财政收入)	都、道、府、县:3.75%;市、町、村,根据财政收入规模不同,从 11.25% 到 15% 不等。	都、道、府、县:5%;市、町、村:20%。
(2)综合实际赤字率(赤字额/政府综合财政收入)	都、道、府、县级政府:8.75%;市、町、村:根据财政收入规模不同,从 16.25% 到 20% 不等	都、道、府、县:5%;市、町、村:30%。

续表

	早期预警	财政重建
(3)实际偿债率(用于偿还债务的一般财政收入/标准财政收入)	都、道、府、县和市、町、村:25%。	都、道、府、县和市、町、村:25%。
(4)未来债务负担率[债务余额(包括公营企业和政府附属机构的未来债务负担)/标准财政收入]	都、道、府、县和政府指定城市:400%;市、町、村:350%。	

四、巴西地方政府债务及其管理

20世纪80年代以来,巴西先后经历了三次大规模的债务危机,严重影响了经济发展。1998年起巴西政府果断实施财政稳定计划,全面加强地方政府债务管理,效果较为明显。

(一)三次地方政府债务危机

第一次债务危机:外债危机。从20世纪60年代中期到80年代前期,巴西经济处于起飞阶段。由于国内资金积累不足,为了实行进口替代工业化战略,在国际金融市场大量举债。80年代末,第二次石油危机引发了国际债务危机,急速攀升的利率大大加重了巴西的还本付息压力,各州都被迫停止了对国外债权人的债务偿还。作为担保人,巴西中央政府不得不与国外债权人达成协议,由中央政府接管州政府190亿美元(相当于GDP的2%)外债,期限为20年。通过债务重组,州的债务成本转移给中央政府,州政府的资金周转困难得到缓解。

第二次债务危机:对联邦金融机构债务的偿还危机。1993年,各州政府纷纷出现无力偿还联邦金融机构债务的违约行为,引发了第二次债务危机。危机发生以后,中央政府与州政府再次达成协议,由联邦财政部偿还部分州政府拖欠联邦金融机构的 280 亿美元债务,期限为 20 年。危机初步化解后,联邦政府开始采取措施规范各州举债,如规定各州应偿还的债务与其收入的比率高于巴西参议院制定的一个下限的话,则超额部分可以延期偿付,并通过资本化,计入债务余额;对拖欠不还的州,不允许其向联邦金融机构举借新债;对宪法也做了相应修订,明确允许联邦政府从中央对地方的转移支付资金中扣除地方应该偿还的债务资金。这些措施对地方政府的无序举债起到了一定约束作用,但并未从根本上建立全面有效的债务风险控制机制。

第三次债务危机:债券偿还危机。这是巴西三次债务危机中最严重的一次。1988 年修宪后,巴西将地方政府公务员的工资和福利提高到一个较高水平,而且禁止各州降低工资标准。修宪后的最初几年,由于当时的通货膨胀率极高,虽然各州政府名义上提高了工资和福利水平,但其实际支出压力并未凸显。1994 年,巴西政府引入"黑奥计划"(稳定经济计划),年通货膨胀率从 1994 年的 929% 急剧下降到 1996 年的 9%。一方面,货币升值使得工资性支出和养老金等福利支出占各州政府收入的比重迅速提高到 80%~90%;另一方面,经济稳定计划中的紧缩货币政策使得各类债券的实际利率攀高。在上述双重压力下,州政府开始拒绝履行偿还其债券的义务,金融市场由此出现剧烈震荡,第三次债务危机爆发。中央政府再一次承诺援助,并授权州政府将其债券兑换为联邦或中央银行的债券。中央政府发行中央债券,重新确认地方政府债务,并成为州及市政府的债权人。27 个州中的 25 个和 183 个市(其债务余额占地方总额的 95％)签订了债务重组协定,这些协定是法定的。中央政府接管了包括税收分享在内的地方政府自有收入作为担保,并且要求每月支付相当于州及市净经常性收入的13％。根据这些协定,州以固定实际利率 6％按 30 年期限重组其债务。中央政府承担的成本体现为州政府支付给中央政府的利率与中央政府支付给金融市场利率差。该利率差 2001 年7 月估计大约为 220 亿美元。中央政府重组的总债务超过1 000亿美元;2004 年 12 月,重组债务数额占 GDP 的 17.5％。导致从地方到中央每年大约 60 亿美元还本付息资金流动。

(二)巴西加强地方政府债务管理的主要措施

饱尝三次地方政府债务危机苦果之后,巴西政府痛定思痛,于 1998 年推出了旨在全面加强地方政府债务管理的"财政稳定计划"。主要措施有:实施增加公共部门盈余的财政调整政策;加快推进社会保障与行政管理领域的体制改革;研究制定债务管理的法律法规体系。2000 年 5 月,巴西政府颁布了《财政责任法》,立法目的在于确立公共财政规则,强化财政及债务管理责任。

1. 重建一般财政管理框架

《财政责任法》及其配套法案,建立了三级政府在财政及债务预算、执行和报告制度上的一般框架,制定了操作性极强的规范地方政府举债的量化指标。

2. 控制债务规模

控制债务规模主要有需求控制和供给控制两种方式。

需求控制。一是限制举借新债。规定:借款额不得超过资本性预算的规模,州政府债务率(债务余额/州政府净收入)要小于 200%;市政府债务率(债务余额/市政府净收入)要小于 120%;新增债务率(新增债务额/政府净收入)不得大于 18%;担保债务比重(政府担保债务余额/政府净收入)必须低于 22%。即使债务规模已控制在上述限额内,地方政府还需满足一定条件,并经参议院决议通过才可举借新债。二是限制举债时间。规定州及市政府换届前的 8 个月内不允许举借新债。三是限制偿还债务。地方政府偿债率(还本付息额/政府净收入)不得小于 13%;如果地方政府将其债务转嫁给联邦政府,在完全偿还前,地方政府不得举借新债。

供给控制。中央银行应限制各银行向公共部门提供贷款,其中对银行净资产规模的限制是,地方政府债务余额与银行净资产的比重必须小于 45%。对于违规举债、突破赤字上限或者无法偿还联邦政府或任何其他银行借款的州,各银行禁止向其贷款。地方政府供应商与合同承包方不得向地方政府或者其关联实体提供信贷。此外,巴西国有与地方政府所属银行也不能发放政府贷款。

3. 提高透明度

巴西地方政府每年须向联邦政府汇报财政账户收支情况,每 4 个月须发布政府债务报告,这些报告由地方行政长官签署公布。如果在 8 个月的宽限期内地方政府未能将债务规模调整到法律规定的限额内,该地方政府将列入财政部公布的黑名单。信息披露主要依靠与所有银行联网的国家信息系统。所有借贷交易情况必须在信息系统中登记,否则将被视为非法交易。信息系统公开透明,任何政府和银行都能查看相关信息。系统自动运行,不能人为调整。

4. 严格惩罚措施

如不履行《财政责任法》规定的义务,对责任人将进行人事处分，严重的将给予革职、禁止在公共部门工作、处以罚金，甚至判刑等处罚。

巴西《财政责任法》及其配套措施在控制地方政府债务规模方面取得了一定成效，抑制了地方政府债务继续膨胀。总体看，在实施《财政责任法》之后，地方政府在债务控制方面的表现有所改善，财政盈余数额以及占国内生产总值的比例都有所增加，债务水平虽然也有所增加，但所占国内生产总值的比例却有所下降。

不仅如此，该计划顺利实施以后，巴西经济保持了持续发展的良好状况：经济总量持续增加；通货膨胀得到有效控制，达到近年来的最低点；国际贸易额持续增长，世界排名逐年提高；国际收支长期保持顺差。2007 年 10 月 19 日，巴西财政部长曼特加表示，世界金融动荡对巴西经济的影响很小，巴西通货膨胀率在可控范围内，银行利率仍有新的下调机会。同年 12 月 27 日，巴西央行发布报告称，2007 年巴西经济增长率有望达到 5.2％，通货膨胀率将为 4.3％。报告预测，2008 年巴西的经济增长率和通胀率将分别为 4.5％和 4.3％。

第三节　中国地方政府债务风险的化解

随着地方政府债务规模的扩大，债务总量不断积累，还本付息逐年增大，特别是一些区、县政府超财力举债，偿债能力低，干扰了正常的财政预算管理和预算执行。对中国地方政府债务规模进行摸底查清并进行风险评估，加强政府债务管理，规范各级政府及其所属部门举借和偿还政府债务的行为，防范和化解政府债务风险势在必行。

一、中国地方政府债务风险规模

由于中国地方政府债务构成非常复杂,并且地方政府的隐性债务的数据无法获得,因此,在这里我们只能根据可以得到的一些显性债务的数据,从总体上对中国地方政府债务状况作一个分析。

(一)从债务总量上看,中国地方政府债务规模巨大

从当前政府统计口径看,地方政府总债务中包括直接债务、担保债务和政策性挂账三个部分。西部地区的陕西省 2007 年底债务总额达 1 272 亿元,相当于 GDP 的 23.2%,其中直接债务为 886 亿元,占债务总额的 69.7%,担保债务 345 亿元,占债务总额的 27.1%,政策性挂账 40 亿元,占债务总额的 3.2%。中部地区的河南省 2007 年底债务总额为 2171 亿元,占 GDP 的 14.5%,其中直接债务为 1 805 亿元,占债务总额的 83%,担保债务 158.2 亿元,占债务总额的 7.3%,政策性挂账 208 亿元,占债务总额的 9.6%。东部地区的浙江省数据显示,2005 年底债务余额相当于当年 GDP 的 11%。由于政府债务近年有上升趋势,在估算时,我们将 2007 年东部的债务 GDP 比假定为 12.5%,将东部直接债务占债务总额比例设为 80%,担保和挂账分别估计为 10%。

我们以这些比重作为相关条件,可以对债务规模进行估算,目前中国地方债务总余额在 4 万亿元以上,约相当于 GDP 的 16.5%,财政收入的 80.2%,地方财政收入的 174.6%;其中,直接债务超过 3 万亿元,约相当于 GDP 的 12.9%,财政收入的 62.7%,地方财政收入的 136.4%。目前,中国地方政府所

负各种债务的总体规模已经相当庞大,不仅各个省、自治区、直辖市不同程度地负有各种债务,而且省、市、县、乡各级政府均有不同形式的举债欠债行为。地方政府债务还在以每年200亿元的增长幅度增加,一些地方财政已经处于超负荷运转,地方政府已到了债务危机的边缘。

(二)从债务结构上看,错综复杂

不论是显性债务构成,还是隐性债务构成,亦或是直接债务构成和或有债务构成,都表现出复杂的特征。

1. 地方政府直接显性债务庞大

地方政府直接显性债务主要包括地方政府向国内外金融机构的借款、国债转贷资金两部分。目前全国地方政府显性债务余额有1万亿元以上,其中直接显性债务约占该债务余额的60%。其中,国债转贷资金虽然规模较小,如2005年中央政府发行国债6 923亿元,转贷给地方的是100亿元。虽然转贷给地方政府的规模较小,但地方政府往往需要投入相当数额的配套资金,这就直接迫使地方政府增加了不少债务。地方政府融资形成的债务往往分散在各个部门,没有统一的机构进行集中管理,从而使得这部分债务在实际运作过程中经常在财政监督之外,债务融资总量难以把握。

2. 地方政府直接隐性债务难以匡算

地方政府直接隐性债务主要包括社会保险缺口、粮食企业亏损挂账等。从社保缺口来看,由于目前中国养老保险体制正在逐步从现收现付制转向部分积累制,因此在这个过程中存在着巨大的转制成本。目前中国社会保障基金总额还不到2 000亿元,存在资金缺口。加上社保每年能增加的规模还不到300

亿元,如果按这种状况发展下去,20 年后,中国养老资金将出现近 2 万亿元的缺口,远远不能满足社会保障事业的需要。以四川为例,按照四川省的经济发展和生活水平,以每人 380 元计算,现在养老金缺口已达 20 亿元,若按照国家标准每人 800 元计算,缺口将达到 40 多亿元。从粮食企业亏损挂账来看,目前全国各地粮食企业亏损挂账累计总额就已经达 2 000 亿元。按政策,这些粮食亏损挂账在 2000～2003 年的过渡期内要由中央和地方政府共同贴息,暂不还本,2004 年以后进行还本付息。

3. 地方政府或有显性债务

地方政府或有显性债务,主要包括地方政府担保的外国政府贷款和国内外金融组织的贷款。由于目前地方政府担保的多数项目或者是没有直接效益的基础设施项目,或者是效益不佳的竞争性项目,因此,这些地方政府担保的贷款极易转化为政府的直接负债。

4. 地方政府或有隐性债务

地方政府或有隐性债务,主要包括地方金融机构的不良资产以及地方国有企业亏损和债务最后清偿两个方面。一方面,近年来地方金融机构、农村合作基金会等各种投融资组织十分活跃,这些机构非法融资、违规拆借等问题相当严重,许多贷款都成为呆账和不良资产,无法收回,地方政府不得不承担起这部分债务的偿还责任。虽然近年来地方政府对企业亏损的补贴有减少的趋势,但是企业的未弥补亏损却在积累,使得相当一部分贷款变成了不良资产,因此也给地方政府财政造成了很大的压力。

二、中国地方政府债务风险的成因剖析

市场经济本质上是一种风险经济,市场经济主体在进行经

济决策时总要在"风险"和"收益"中进行权衡。地方政府作为举债主体,在面对地方政府债务给地方经济带来的种种好处的同时,必然还要面对地方债务风险带来的不确定因素,地方政府债务风险来源广泛,主要有以下几个方面。

(一)制度性风险是主因

在地方政府所面临的债务风险中,有的既不是由体制的过渡性所造成的,也不是由管理制度的缺陷所导致的,而是由市场经济风险本身所带来的。较为典型的如债务的市场风险、债务的利率与汇率风险等。

债务的市场风险主要是指债务资金投资所面临的市场竞争风险。随着中国市场经济的发展,商品市场的竞争程度逐步加深,债务资金投资效益的不确定性进一步加大。特别是近年来中国地方经济的发展遇到了前所未有的困难与挑战,地方国有企业由于受到市场饱和与资金短缺的双重制约,生存和发展困难重重,以致一批企业由于经营效益不佳,不仅难以通过企业收益偿还债务,使地方政府不得不承担起债务偿还的连带责任,而且企业的无税可交和大批职工的下岗失业,又使地方财政收入不仅不能与时间进度和经济发展同步增长,而且使地方政府用于下岗职工生活保障和再就业的支出增加,从而加大了地方政府维持财政平衡的压力。

就债务的利率与汇率风险来说,利率风险是指由于市场利率的变动所造成的对债务本息支出的影响;汇率风险是指由于借款货币与还款货币之间的汇率变动所造成的对债务本息支出的影响。在目前中国地方政府的债务中,由于主要采用的是固定利率形式,浮动利率较少,且尚未达到以新债还旧债的高峰期,所以利率风险表现的不是特别明显。但是,由于近年来国际金融市场汇率的变化和中国外汇管理制度的改革,地方政府债务的汇率风险将会表现得更为突出。

(二)经济周期诱发的地方债务风险

随着经济全球化进程的加快,中国与世界经济的联系越来越紧密,世界经济周期的波动对中国的影响也越来越大。比如为应对 1997 年的亚洲金融危机,中国于 1998 年开始实行积极的财政政策,成功地扩大了社会有效需求,保持了国民经济持续快速健康的发展,但是同时也带来了一些问题,最主要的就是增加了政府的债务负担,尤其是对地方政府而言,加快基础设施建设、提高居民收入、加强社会保障都需要增加财政支出,在没有新的收入来源、地方政府不允许发行债券的情况下,政府只能是变相借债,由政府以担保、抵押等多种形式利用社会资金,来实现政府宏观调控目标,由此形成了大量的债务并且大部分是以或有债务的形式存在。

三、中国防范地方政府债务风险的政策建议

地方政府债务风险的防范与化解是一个系统工程。只有将地方政府的财政收支置于地方公共意志的控制之下,加强对地方政府债务的约束机制,使政府的收支状况和债务情况透明化和公开化,才能使政府财政行为趋于合理化。

(一)编制债务预算,加强债务管理

编制债务预算要按照建立健全公共财政体系的要求,全面反映政府债务收支状况,明确政府性债务借、用、还责任,建立

科学透明、规范合理、安全有效的政府债务管理体系,科学举债、高效用债、及时偿债。政府债务预算编制遵循"内、外债统一,明确责任,量力而行,注重实效,防范风险"的原则。

预算编制前,债务主管部门会同有关业务部门对本级政府债务的收支情况进行分析研究,科学预计全年政府债务收入和支出。在此基础上,按照借贷约定条件,拟订下年度债务预算收支指标。编制内容主要涉及当年政府债务整体状况、预算年度举借与偿还情况、债务收支预算、偿还资金来源预算等,通过政府债务收入预算表、支出预算表、偿还资金来源预算总表以及明细表反映。债务预算的编制与财政预算的编制同步进行;债务预算要编制到具体预算单位和具体项目;预算编制要实事求是,严密论证,妥善安排,确保预算真实和准确。

债务预算经批准后,非经规定,程序不得变更。各业务主管部门应严格按照批复的预算安排全年收支,不得随意变更资金用途。若遇非常因素必须调整年度预算时,应按规定程序报批。财政部门依据国家法律、法规、政策和有关规定,认真组织核算,对预算执行情况进行全程监控,并定期对预算执行情况进行检查和分析,及时发现和纠正预算执行中出现的问题。年度预算执行终了,各业务主管部门按照预算、财务、会计管理有关法规要求,进行年终调整、转账、结账并编制会计决算报表,写出财务情况说明书、年度预算执行情况分析等。要求决算报表的编制做到数字准确、内容完整、报送及时。

(二)建立地方政府风险防范机制

在中国地方政府债务结构中,隐性债务和或有债务规模比较大,因而对于潜在的地方政府债务风险应给予高度关注。地方政府债务风险,可以通过建立相应的风险防范机制来加以防范。财政风险评估指标的建立,先发国家已有较为成熟的经验。目前国际公认的警戒线是欧盟国家签署的《马斯特里赫特条约》的规定:一是财政赤字应低于国内生产总值的 3%;二是积累的国债余额应低于国内生产总值的 60%。中国各级地方政府可以根据国际经验并结合自身的特点,制定各项指标的安全线范围,一旦某一指标越过了安全线,就应立即采取适当的应对措施。因此,我们需要在多渠道筹措资金,支持基础设施建设和公益性事业发展的同时,积极采取措施建立健全地方政府债务综合信息管理机制,加强地方政府债务实时监控,逐步实现举债有度、用债有效、还债有信的目标。

加强债务信息平台建设,建立起覆盖省、市、县、乡和村级的债务项目信息库。该系统要有数据采集、动态监控和查询分析三个模块,能完成地方各级政府债务项目信息收集、审核、汇总、查询和上报工作,全面掌握债务人和债权人的信息资料,基本实现政府债务的动态监控管理。各地市级建立政府债务风险预警机制,制订债务监控指标,对本级债务规模进行跟踪监控,将债务风险控制在可承受的范围内;政府债务预警指标评估体系应包括债务率、偿债率、新增债务率和债务依存度等预警指标,结合各区县的实际情况,按照风险程度大小,分别确定安全区、控制区和禁止区的临界值,根据预警指标所处区域确定不同政策:要求处于安全区(绿灯)时,政府主要实行规范管理,提高清偿债务能力,降低不良债务比例;处于控制区(即黄灯)时,政府原则上不宜举借新债,如确需借债,应慎重测算财政承受能力;处于禁止区(即红灯)时,政府主要以消化债务为主,不能举借以财政性资金为还款来源的债务。所有信号均通过"政府债务专网"向社会公开。

（三）适时完善地方政府偿债机制

债务的偿还是地方政府债务管理中的一个重要环节，如果没有相应的机制做出妥善的规划和安排，规模庞大的债务偿还无疑会对地方财政产生较大的支出压力，甚至会威胁到地方财政的平稳运行。因此，通过不断完善政府债务偿还机制，充分保证政府运行的平稳。

近年来，中国各级地方政府债务开始逐渐进入偿债高峰。但是中国大部分地方政府普遍没有建立起真正意义上的偿债制度。鉴于此，中国地方政府应建立借用还统一、责权利相结合的偿债机制：一是要求各级财政建立相应的政府偿债准备金，制定相应的资金管理办法，对偿债资金来源、使用、管理、监督等做出规定。明确偿债准备金实行专户管理，独立核算，确保偿债资金的规范、安全和有效，财政、纪检、监察、审计等部门联动，建立起事前、事中、事后相结合，检查和抽查相结合的全方位监督体系和制约机制。二是制定年度偿债计划，通过收欠还债、核销减债、债务重组转债、资产变现还债和财政安排资金偿债等多种方式，多渠道筹集资金，确保按时偿还债务。要求年度直接债务余额达到或超出预算内财力的市县，每年政府预算必须按不低于新增预算内财力的10％安排偿债支出。三是积极出台政策化解乡镇债务，对乡镇偿债金额、新增借款金额、年末财政性借款余额等指标进行综合考核，安排资金对控制负债成效显著的乡镇给予奖励性转移支付，推动乡镇化解政府性债务。四是规范基层财务管理，积极招商引资培植财源，从根本上增强偿债能力。

(四)健全地方债务融资管理体制

强化财政在地方政府债务融资中的主体地位,实行政府债务的集中管理。各级政府在使用、管理贷款资金时,要建立严格的项目债务责任制,以规范的形式明确地方政府领导和有关负责人应承担的管理和偿债责任。各级财政部门要切实履行职责,按照统一、规范的原则,完善债务管理体制,加大债务管理力度,应在财政部门建立债务管理机构,全面负责贷款的申借、资金的划拨、资金的使用监督、贷款的偿还等债务管理的业务工作。

通过给予地方适当的举债权,使地方政府债务做到公开化、透明化,并实行集中管理。在成熟的市场经济国家中,政府融资是其国民经济活动中必不可少的调控手段。在中国,不允许地方政府举债的规定导致在地方经济建设中,地方政府融资的作用未能发挥出来。同时,各种变相的融资举债非常普遍,增大了潜在的财政风险。因此,可以借鉴国外的做法,在开辟地方政府正常举债的渠道,使地方债务做到公开化、透明化的同时,规定条件,限制范围,严格管理。

此外,要制定与地方政府债务融资管理相关的各项法律法规,依法理财,既是市场经济体制的客观要求,也是化解财政风险的要求。为了防范地方政府债务风险,应当不断完善现有的法律和法规,适时制定包括地方政府融资投资决策条例、偿还条例和决策失误责任条例在内的一系列法律法规,对地方政府融资实行法制化、规范化管理,特别是要制定对于违反法律和法规的行为处罚的细则,以维护法律的尊严。

思考题

1. 名词解释

地方政府债务风险　　地方财政风险预警　　俄亥俄州模式
"红绿灯"预警系统

2. 思考题

(1)请简要论述地方政府债务风险的分类。

(2)请简要论述地方政府债务风险的特征。

(3)请简要列举地方政府债务度量的主要指标。

(4)如何化解地方政府债务风险?

(5)请简要剖析我国非金融国有企业财政风险的成因。

参考文献

[1]Government at risk,Edited by Hana Polackova Brixi,
Allen Schick,The World Bank.

[2]Managing Fiscal Risk in Bulgaria, Hana Polackova
Brixi,Sergei Shatalov,and Leila Zlaoui.

[3]Hana Polackova Brixi, 1998, Contingent Government
Liabilities：A Hidden Risk for Fiscal Stability, The World
Bank.

[4]Allen Schick, 2000, Budgeting for Fiscal Risk, The
World Bank.

[5]刘尚希主编:《财政风险及其防范研究文集》,经济科学
出版社 2000 年版。

[6]何开发:《中国财政风险》,中国时代经济出版社 2002
年版。

[7]陈共著:《积极财政政策及其财政风险》,中国人民大学

出版社 2003 年版。

[8]白海娜、马骏主编,梅鸿译校:《财政风险管理:新理念与国际经验》,中国财政经济出版社 2003 年版。

[9]刘尚希、于国安主编:《地方政府或有负债:隐匿的财政风险》,中国财政经济出版社 2002 年版。

[10]刘尚希:《论公共风险》,《财政研究》1999 年第 9 期。

[11]孙国相:《论防范和化解财政风险》,《财贸经济》2001年第 2 期。

[12]平新桥:《道德风险与政府的或然负债》,《财贸经济》2000 年第 11 期。

[13]马骏:《对地方财政风险的监控:相关的国际经验》,《世界银行》2000 年 5 月。

[14]刘尚希、赵全厚:《政府债务:风险状况的初步分析》,《管理世界》2002 年第 5 期。

[15]刘成:《政府的隐性债务、或有债务风险与国债政策的可持续性》,《经济研究参考》2002 年第 60 期。

[16]林治芬:《中国社会保障的财政风险及其防范》,《中国财经信息资料》2002 年第 3 期。

第七章　建立平准基金，阻断风险系统性触发

现实中，在财政风险真正发生的时候，所呈现出来的并不是一种清晰的、明确的、在特定领域发生的非系统性特征，而是一种全局性、整体性的爆发的系统性特征。为了应对这种情况的发生，我们就必须未雨绸缪地运用系统集成的高度，从战略布局的高度预先审视并应对未来财政系统性风险，如何有效建立财政风险平准基金制度，阻断财政风险的系统性触发成为政府开展应对财政风险的逻辑起点。

第一节　财政风险平准基金概述

在具体论述财政风险平准基金之前，预先对财政风险平准基金的内涵、特点及其所发挥的作用，为具体的实践活动提供理论上的指导和方向上的导引。

一、财政风险平准基金

财政风险平准基金与一般的投资基金、风险基金等不同，是为了有效化解政府财政风险而形成的一种财政资金准备制

度和政府性专项基金。意在通过一种制度化的资金准备,在财政风险发生系统性"多米诺"骨牌效应之前,主动、及时地利用财政准备金的注入,有效地阻断各类社会性风险转化财政风险的传播途径,借以化解财政风险的总爆发,甚至是社会动荡的发生。

由于财政风险平准基金从本质上说是一种政策性基金,其根本职责就是保持政府收支的稳定,防止因财政风险扩散而产生的社会动荡。因此,财政风险平准基金便具备了如下几个特点:1. 不以盈利为目的。财政风险平准基金从性质上说是一种"压箱底"的"备荒保命钱",所以该基金运转的一个核心原则就是稳健性,也就是说必须要把任何可以影响该基金价值的风险性因素都尽量排斥在外,从而保证基金安全性。2. 基金的保值增值。一方面,就财政资金而言,安全的标准是以安全边界作为划分的,而确保基金价值处于安全边界以内本身就体现了资金保值的概念;另一方面,一切资金都随着时间的推移自然地存在一种增值的内在属性,也就是我们常常提到的货币时间价值,因此在基金价值实现保值增值的基础上,利用该部分资金的内在增值属性,稳健的实现其增值,不仅可以大大地增加其安全边界,而且这种增值更可以在一定程度上弥补平准资金缺口。3. 资产的多元配置。作为应对财政风险最后一道防线的财政风险平准基金,一旦面临市场必然波动,而波动又必然通过各种方式影响基金市值的客观存在,通过多元化的资产配置方案及早布局便成为其必须遵守的一个运作原则。因此,财政风险平准基金不妨借鉴国际储备制度的一些经验和做法,在全世界范围内多元化的配置各类安全性资产,以期通过其各自之间的"跷跷板"效应化解其风险。4. 市场化运作。市场经济内在的价格机制、竞争机制和信息共享机制是不会因资本的性质而发生改变的,不论资本的属性是国家占有的还是私人占有,只要存在人类的物物交换行为,市场经济所内在发生作用的本质属性就不会消失。因此,财政风险平准基金的公有制属性与市场化运作原则并不是相互排斥的,合理并有限度的运用好市场不仅不会影响平准基金的公共属性,而且会有利于平准基金更好的运转和发展。

二、财政风险平准基金的功用

财政风险平准基金可以化解财政系统性风险、为市场经济保障护航和降低财政风险的破坏性。

(一)有助于化解财政系统性风险

人类社会进入工业革命之后,专业化分工程度的加深、社会分化的加剧,也促使了人类思维方式的割裂。分割思考却使我们把许多本是一个整体的系统,人为地分割成许多部分,并且把注意力过多的注重到每个部分当中,而忽视了对整体的思考,失去了对整体的一体感。[①] 为避免片面思考方式的危害,当

---

① 彼得·圣吉首先提出了系统思考的理论。他认为,一切系统的因素虽不相同并且看似各自独立,然而事实上它们都息息相关,每个因素、环节都相互作用,但这些作用通常是隐匿而不易觉察到的。只有对系统的整体、而不是对系统的任何单独部分,深入地加以思考,才能够了解整个的系统。系统思考能让我们看见相互关联而非单一的因素,看见渐渐变化的态势而非短期的眼前利益,可以帮助我们认清整个变化的形态,了解应如何有效地掌握变化,做出对策。系统思考是"看见整体"的一项修炼。系统思考已发展成为一套思考的架构,既具备完整的知识体系,也拥有实用的工具。系统思考的卓越之处在于它始终专注于探究复杂问题整体而长期的根本解决之道。系统思考的精髓是看问题时,要看整个系统环状的互动的因果关系,而不是线段式的因果关系,打破线形思考及其所衍生的反应式的行动。[美]彼得·圣吉著,郭进隆译:《第五项修炼:学习型组织的艺术与实务》,上海三联书店1998年版。

代科学的发展正从分析科学走向综合科学,世界的演化从趋同走向多样。理解世界的科学理论框架也从以平衡或均衡观念为核心的古典静态(几何学)理论,走向以非平衡观念为核心的现代演化(动力学)理论。这些变化发生在以计算机和遗传工程为主导的第四次工业革命,或称作第三次浪潮的时代。[①] 因此,面对社会风险的复杂性,面对经济风险研究的困难性,面对财政风险与社会风险、财政风险与经济风险之间相互作用、相互耦合的特征,将系统思考和整体研究的方法引入财政风险问题的研究,将会有利于从整体上把握财政风险的系统运行规律和系统地解决此类问题。

(二)有助于降低财政风险的破坏度

博弈论指出在所有其他人实现最优状态的情况下,当事人追求自身收益的最优化。制度的设计必须得到事件利益相关者的共赢,才能以最小的阻力实现自我发展和完善,才能具有生命力,才能平衡各个利益相关集团的利益,从根本上化解各类经济社会风险所触发的财政风险。由于财政风险平准基金是一种高屋建瓴的、具有战略眼光的、带有预判性质的制度设计,并从一开始就系统性的从整体角度考虑财政风险的应对问题,从所有利益相关者视角研究财政利益的分配和协调问题,因此,财政风险平准基金的导入必然会突破现有财政问题解决中出现的"零和博弈"现象,使所有财政利益相关者的利益整合在一起,实现财政风险应对政策设计的帕累托改进,只有在风险的衍生过程中,考虑了所有的财政利益参与人利益诉求,才

---

① 陈平著:《文明分岔 经济混沌和演化经济学》,经济科学出版社 2000 年版,第587~619 页。

能在财政风险真正发生时通过利益协调机制的发挥降低财政风险发生时的破坏性。

(三)有助于为社会多元复合转型保驾护航

财政风险平准基金的建立，就是意在以积极的心态和主动的行动识知和化解社会转型所带来的一系列经济、社会风险的影响，主动通过一种预先的制度设计阻隔各类风险向财政领域的传导，通过建立一种类似"防火墙"的机制建设，防患于未然。进而解除公共财政的后顾之忧，使公共财政阳光普照，更好让社会弱势群体享受到公共服务均等供给，更好为环境保护提供资金支持，从而保证财政资金更好地、更为持续性地为社会多元复合转型保驾护航。

第二节 财政风险平准基金的设立与运行

由于财政风险平准基金的设立在中国是一项新生事物，因此，本部分打算从财政风险平准基金设立的原则、战略规划、流程设计、后评价等几个方面进行阐述。

一、财政风险平准基金的设立

为应对财政风险，中国的财政部门也应该相应的建立起财政风险平准[①]基金制度。这种制度不同于现行的"机动费"意义

---

① "平准"一词语出"均输平准"，是中国古代政府为调节市场物价，取得财政收入而采取的货物运销政策。汉武帝元鼎二年(公元前 115 年)，桑弘羊试办均输，在大司农下设置均输官和平准官，"开委府(商品仓库)于京师，以笼货物，贱即买，贵则卖，是以县官不失实，商贾无所贸利，故曰平准"。由于该方法确实可行，后代常仿行，如王莽行"五均六筦"；唐刘晏管理财赋，用税款购货供应关中；宋王安石行均输法和市易法等。

上财政准备金,而且为了应对本书前几章所论述的财政风险的一种专门的财政风险平抑基金(见图7.1)。该基金的管理部门应隶属于国务院,平时授权由财政部管理,基金的筹集采取从上述财政风险源提取的方式,即在国有银行、社会保障、政府债务、国有企业、地方政府等部门的资金运作中划分相应的比例专门用于财政风险平准资金的筹集;基金的使用在财政性系统风险即将发生时,由国务院召开特别会议,及时探讨财政风险的诱因、传导、表现和程度,授权进行集中拨付,集中优势资金把钱"用到刀刃上",阻断财政风险的系统性触发;在平时,推行市场化运作机制,对处于安全边界以内的财政风险平准资金采取多元化的资产配置,并进行封闭式管理,确保其资金安全,对于安全边界以外的资金头寸,可以适当的按照市场运作原则投资一些盈利性项目,以期实现基金的增值。在实际的路径选择上,可以先在一些经济条件较好,财政资金相对充裕,财政风险较为隐蔽的地方实行,待时机成熟后再逐步推开,并通过正式的立法程序予以规范,并在全国范围内实施。因此,在财政风险平准基金制度建设的过程中,财政风险平准基金的发展必然会产生多种不同的筹资和运作模式。有可能是单一的模式,也有可能是复合的模式。各地区可以根据本地的经济发展与社会传统,采取适应其自身经济社会发展的方式来推进财政风险平准基金制度建设。

二、财政风险平准基金的战略管理

近年来,随着全球化、信息化和知识经济时代的发展,特别是当代政府改革运动的大背景下,把战略管理在私营领域的成功运用逐步转化到公共领域,已经成为公共经济学、公共财政

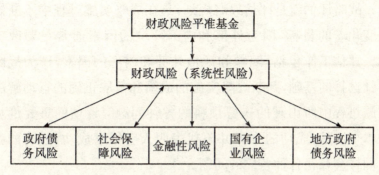

图 7.1 财政风险平准基金示意图

学和公共管理学等学科的一个新分支或新的研究途径。它的出现体现了传统的公共行政范式向公共管理范式转变的一个重要转变。作为一种新的管理途径或思维方式,战略管理日益受到了公共部门管理者的重视。鉴于财政风险平准基金是一项需要创新的新生制度,从一开始便本着创新的原则引入战略管理的思想,将可以为今后财政风险平准基金的建立指明方向。

具体而言,战略管理可以包括三大阶段,即战略设计、战略实施和战略评估。战略设计是指提出一个机构业务的主体任务,确认一个机构的外界机会和威胁,确定机构内部的强项和弱势,建立一个长远目标,形成可供选择的几种战略和选择可操作的战略方针。对于控制财政风险来讲,如何测度财政风险的量值? 应对财政风险协调机制是什么? 化解财政风险的手段有哪些? 财政风险后评估体系如何? 要达到这些目标的时间是怎么控制的,何时实现这些目标等。

战略实施要求一个机构制定相应的政策,激励雇员和有效调配资源,以保证建立的战略能够实施。战略实施包括制定出战略支撑文化,创造一个有效的机构组织,准备预算,开发和利用信息支持系统并调动每一位雇员参与战略实施的积极性。

战略评估就是评估战略规划,是在战略实施过程中不断修改变化着的目标,因为外部和内部环境的因素通常是要改变的。评估工作包括,回顾和评估外部和内部的因素,作为战略方针选择的基础,判断战略实施的成绩和争取正确的行动解决实施过程中所出现的未曾预料的各种问题。评估的重要性从根本上讲是:成功的今天并不代表明天会继续成功,成功的背后同样会存在各种各样的问题。

　　利用平衡记分卡的原理[①],对于财政风险平准基金的战略规划,可以从财政风险源的判定、财政风险评估、财政风险平准基金内部管理和财政风险平准基金运行绩效四个方面入手。首先,在财政风险平准基金的规划、实施、评估以及变革的过程中实现管理因素和战略资源的相互协调,以保证整个财政风险平准基金战略规划的稳定与平衡。其中,准确判定财政风险源及其传导机制是应对财政风险的逻辑起点和前提条件,也是财政风险平准基金确立其战略目标的核心所在。其次,通过建立客观的财政风险评估体系,准确的判定财政风险可能性、影响范围和破坏程度,出台财政风险的应急方案,为决策层制定管理和应对财政风险的政策提供充分和客观的依据。再次,作为一项制度创新,其内部高效的管理不仅可以在日常的运转过程中提高资金的使用效率、提升基金的管理效能,而且也必然可以降低财政风险发生时的应对时间,加快相应速度,提升反应

---

　　① 平衡记分卡(BSC)于 1992 年,由 Kaplan 和 Norton 发明。BSC 通过对企业财务、顾客、内部流程及学习/成长四个战略绩效领域中的财务与非财务指标、结果与动因指标、短期与长远指标的利用,对企业经营业绩和竞争状况进行全面、综合、系统的评估。平衡计分卡要求管理者从 4 个角度选择数量有限的战略目标,将注意力集中到战略愿景上来。在这里,本书把利用该管理工具系统地阐述财政风险平准基金的战略规划所应考虑的因素及其相互关系。

能力,从而尽可能降低财政风险发生时的破坏性。最后,在每次财政风险应对策略实施后,要对政策实施的实际效果进行后评价,这种绩效评估的目的就是在不断的实践中总结应对财政风险的经验教训,使得每一次的财政应对都有所改进。

综上所述,财政风险平准基金的战略规划正在判定、评估、管理和后评价这四个关键性因素所组成的相对封闭的、首尾相接的管理闭环中得以实现的,详见图7.2。

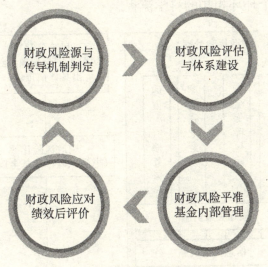

图7.2　财政风险平准基金的战略规划

三、财政风险平准基金流程设计

流程不仅包括做事先后顺序,还包括做事的内容。我们做任何事情都需要资源投入,都需要借助资源的效用,包括资金、信息、精力、人员、技术等等,因此对投入的资源也要善加管理,否则也难于成事。流程概念运用于公共领域,可以通过标准化的规章制度,有效地凝聚经验、提高工作效率、提升工作效果,最终提升公共管理的效率和提升公共服务的水平。

广义的流程管理（process management），就是从战略出发、从满足公共需求出发、从业务出发，进行流程规划与建设，建立流程组织机构，明确流程管理责任，监控与评审流程运行绩效，适时进行流程变革。

鉴于设立财政风险平准基金的主要目的就是用来化解财政的系统性风险，基于上述的财政风险平准的战略规划，本书将财政风险平准基金的管理流程设计为如图7.3所示的体系，体现为一个环环相扣的科学流程。

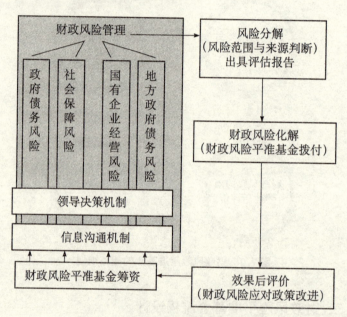

图7.3 财政风险平准基金的流程设计

基于上面的流程，完成财政风险平准基金的规范管理具体需要考虑以下几个方面：

第一，确立应对财政风险的领导决策机制和信息沟通机制。根据风险来源途径，组成管理专家和政府官员，统一领导，定期地根据实际经济社会现实确定不同财政风险来源渠道对财政风险总量的影响，合理的制定应对财政风险的预案，制定财政风险平准基金的使用管理办法，同时监控财政风险平准基金的实施、运营与管理。

第二，根据讨论结果，具体分析和分解财政风险范围和风险，根据财政风险专门管理机构所做出的财政风险评估报告，匡算财政风险平准基金总盘子大小，形成专门的报告上报给财政风险专门管理机构；建立"财政风险平准基金"的成本补偿制度。财政风险平准基金机构的日常事务由专职工作人员处理，可以聘请来自经济、财务、技术方面的专家组成专家委员会，负责具体财政风险项目的评审和重大课题研究，以体现效率和决策的科学性。

第三，规范与监管财政风险平准基金的使用，筹集来的财政风险平准基金只有规范的针对特定风险科学使用出去，才能发挥财政风险平准基金制度的职能与作用。在这里，如何界定财政风险和一般意义上的财政应急支出是问题的关键所在。在处理该问题时，把握住财政风险的系统性、传导性等特征是关键。同时，财政风险平准基金的使用必须与财政风险平准基金的筹集相分离，实行收支两条线管理。各经办机构必须依照财政风险平准基金征收筹集的有关规定，严格履行各自职责，不得随意挪用财政风险平准基金用于应对财政风险以外的其他用途。

第四，科学设定财政风险平准基金的提取比例和提取范围，利用后评价结果，改进财政风险应对政策，并以此调整财政风险平准基金的筹资。由于在建立财政风险平准基金的资金来源，除了中央政府的公共财政资金注资以外，更为需要的是通过不同的财政风险来源来筹集资金。特别是在财政风险平准基金设立的早期，平准基金不仅不能化解各类财政风险源所引致的财政风险,相反还会在一定程度上加大其资金缺口。

四、财政风险平准基金后评估

绩效评估是指运用一定的评价方法、量化指标及评价标准,对特定组织实现其职能所确定的绩效目标的实现程度,及为实现这一目标所安排预算的执行结果所进行的综合性评估。从方兴未艾的各国公共领域的绩效评估的实践来看,绩效评估并不是一个单一的行为过程,而是由阐明评估的要求与任务、确定评估目的和可量化的目标、建立各种评估标准、根据评估标准进行绩效评估、比较绩效结果与目标、分析与报告绩效结果、运用绩效评估结果改善管理等所组成的行为系统,是一个由许多环节所组成的综合过程。实际上,绩效评估是由各个环节组成了一个不断循环的环路,如图 7.4 所示。[①] 其中包括:1. 建立绩效标准。绩效标准也称为绩效目标。除了对不同的绩效等级规定明确具体的绩效要求之外,绩效目标还规定了明确、严格的产出和结果评估措施,每一个绩效等级需要达到什么样的绩效要求都是事先给定的。2. 进行绩效评估。绩效评估过程就是根据绩效目标来对实际的管理和服务结果划分等级的过程。因此,可以说,绩效评估的程序开始于管理结果与绩效目标之间的比较。如果没有明确的绩效目标,绩效评估就失去了方向,也不可能开展;如果绩效目标明确,开展绩效评估就会比较容易。3. 使用评估结果。绩效管理不仅包括绩效评估过程本身,而且还包括评估结果的使用。绩效评估的结果为计划或目标的科学制定、资源分配、人员晋升和调整、薪酬奖励和惩罚提供了依据和基础。另外,绩效评估的结果还可以用来

[①] 蔡立辉:《政府绩效评估的理念与方法分析》,《中国人民大学学报》2002 年第 5 期。

监督和控制项目执行的情况;向公众和媒体公布绩效评估的结果可以使公众了解他所在城市的以及其他城市公共支出的绩效状况,并能够进行比较,进而作出选择。4. 提高公共支出绩效。绩效评估结果对政府公共部门来说具有重大的激励作用和监督作用,通过绩效评估结果的利用可以促进公共支出绩效的提高,而绩效的提高又会影响到绩效管理下一次循环中绩效标准的建立。所以说,公共支出绩效管理是包括建立绩效标准、进行绩效评估、利用评估结果、提高绩效的一个循环往复的动态过程。

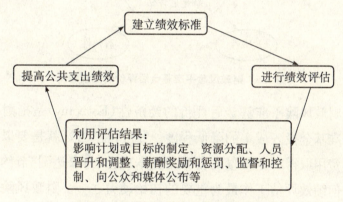

图 7.4 公共支出绩效管理的循环过程

因此,秉承上述思想,在财政风险平准基金的管理流程中,作为评估财政风险平准基金实施实际效果的最后一环、关键一环,财政风险平准基金的后评价①在整个闭环的管理流程中,发挥着承前启后的作用。它既是对前一次使用财政风险平准基

---

① 在这里使用"后评价"提法,意在强调财政风险绩效评估在两次财政风险应对行动中所起到的承前启后的作用。具体而言,后评价的任务可以包括:1. 对全过程的回顾和总结;2. 对效果和效益的分析评价;3. 对目标和持续性的评价;4. 总结经验教训,提出对策建议。后评价的基本内容可以包括:1. 技术效果评价;2. 财务和经济效益评价;3. 环境影响评价;4. 社会影响评价;5. 管理效果评价。

金使用效果的一种考察和总结,同时又成为下一次财政风险平准基金的使用的逻辑起点,并为财政平准基金的筹资提供依据。本书利用"经济性(Economy)"、"效率性(Efficiency)"和"有效性(Effectiveness)"三个基本要素对财政平准基金后评价进行考量。如图7.5所示。

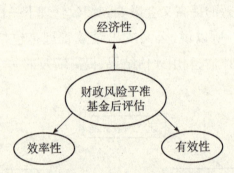

图 7.5　财政风险平准基金后评价的要素结构

　　财政风险平准基金后评价的经济性(Economy)是指财政风险平准基金投入成本的降低程度。"经济性"目标就是要以花费最低费用取得一定质量的资源为基本理念,力求达到"节约",它是任何绩效评估工作最为重要的初始动力之一。财政风险平准基金财政投入绩效评估遵循经济性原则,主要目的就是避免财政风险平准基金筹资活动中资金浪费和资金分配苦乐不均等问题,以便各层级政府部门在筹集财政风险准备金过程中形成更为有效的投入决策机制和投入优先排序机制。经济性可以确保以尽可能最低的成本购买特定的数量和质量的服务以及获得和维护组织的设备或其他资产。需要的绩效指标包括单位投入成本和投入量与相应的计划的投入成本和投入量的比较。

　　财政风险平准基金后评价的效率性(Efficiency)是对"以最小的准备金投入获得预期产出水平或以既定财政投入水平获

得最大的财政风险管控效果"的概括。效率指标反映所获得的教学成果与教学过程中的资源消耗之间的对比关系。经济效率是由与资源配置及再配置相关的净收益流量的变化决定的,资源的有效配置就是达到帕累托最优状态,即没有任何资源再配置会在不使其他人状况恶化的情况下促进某些人或某个群体的福利改善,效率概念在收益与成本估计中或投资回报率估计的研究中起中心作用,它常常被用在工程项目的可行性研究中。另外,对财政支出实施绩效评估,提高效率的含义就不能够只停留于提高财政风险平准基金投入—产出比率的层面上,它还要求提高财政风险管控的各个环节的质量。只有将各个环节有机统一起来,才能获得真正意义上的高水平产出。效率性能够满足在特定要求下投入最少的资源提供一定数量和质量的服务。

　　财政风险平准基金后评价的效益性(Effectiveness)通常用来描述财政风险管理部门所进行的工作或提供的服务在多大程度上达到了政府管控财政风险的目标,并满足了公众的需求。"有效性"则是基于与预期目标相比较的投入项目或计划的结果的实现程度,重点强调管理的责任性,包括目标的创立、产出和报告以及产出结果的可视性等方面。有效性评估一般在一轮财政风险平准基金支出周期的晚期或结束后进行,如此才能透彻地说明结果的实现程度。它衡量目标达到的程度和一个活动预期的效果与实际效果的关系。

　　在经济、效率和有效性的关系上,最终要体现资金价值和社会价值相结合的理念,即在财政风险平准基金的管理过程中不断追求"同时增加资金使用的经济价值和社会价值"。经济价值标准和理念,反映了财政风险平准基金绩效管理中的总体绩效标准，它要求财政风险管理部门根据经济、效率和有效性的标准来获取资源和使用资源，以实现组织的目标要求。社会价值标准，体现了财政风险平准基金的社会责任。经济、效率、有效性和公平性的这种关系，实际上就构成了财政风险平准基金后评价活动中的逻辑价值标准体系。用这种多元价值的标准体系来取代传统模式下的单一财务和财政考核指标，可以更好的体现管理责任，从而使"被授权的管理者根据既定的绩效标准完成既定的任务"。[①]

第三节　财政风险平准基金的管理

由于财政风险平准基金是一项新鲜事物，没有直接可兹借鉴的经验可以直接拿来，在实践中不断的总结与完善其管理的经验，创立一套适合中国经济社会发展的财政风险平准基金模式，将是未来一段时间内我们必须要经历的一个历史时期。

一、财政风险平准基金管理模式的选择

政府作为财政风险平准基金体系的建设者，理应成为财政风险平准基金最重要的管理者，然而这种应然性并不必然要求政府直接参与财政风险平准基金的具体运作行为，对财政风险平准基金宏观层面的监管和微观层面的具体操作是可以进行区分的，而且从理论上说也是理应区分开的。这是因为在公共领域供给与

---

① Iaaac-Henry，Kester．Chris Painter and Chris Barrnes，1997，Management in the Public Sector：Challenge and Change（second edition），London：Thomson Business Press，P 83.

生产之间是有所区别的[①]。现代政府治理理论[②]表明,传统政府治理中的一个误区是忽视了公共服务提供和公共服务生产之间的区别,进而错误地认为如果政府放弃了服务生产者的功能,它自然放弃了服务提供者的角色。可见明确区分公共产品和公共服务中的安排者、生产者和消费者三个主体是至关重要的。对于那些属于政府"天职"的公共服务,政府应该是一个安排者,决定什么应该通过集体去做,为谁而做,做到什么程度或者水平,怎样付费等问题。至于服务的生产和提供,完全可以通过合同承包、补助、凭单、特许经营等形式由私营部门或社会机构来完成[③]。

从效率角度考虑,结合政府和市场两种力量,把政府在监管方面的优势和市场在效率方面的优势有机地结合在一起,将会更为有利于财政风险平准基金的建立与发展。具体而言,依据政府在财政风险平准基金管理中的地位和作用程度,财政风险平准基金的管理模式可分为以下两种:

(一)政府集中型基金管理模式

政府通过财政部门、公共服务主管部门等来行使管理职责,并将基金的收支管理作为重点。政府对财政风险平准基金管理的方式与内容主要有预算管理、财务监督、投资管理三种。

　　[①] 对这些概念的探讨见 Musgrave(1959)和 V. Ostrom, Tiebout, and Warren(1961)。对这些概念的应用,见 E. Ostrom Parks and Whitaker(1978);ACIR(1987)及 V. Ostrom, Bish and E. Ostrom(1988)。

　　[②] 传统的政府中心论的研究视角限制了人们的讨论范围和思考能力,治理理论主张从一种更为灵活的互动论视角,从政府、市场、企业、公民、社会的多维度、多层面上观察思考问题。治理理论是补救政府管理和市场调节的不足而产生的一种社会管理方式,它既是各国政府改革的实践总结,又作为一种新的理念深刻影响着各国的政府改革。

　　[③] Savas E. S., Privatization and Public-Private Partnerships. Seven Bridges Press, LLC, 2000

第一,预算管理。政府预算管理是财政风险平准基金管理中最为重要的组成部分,社会普遍服务基金预算管理方式主要有两种:一是基金预算:基金预算有两种形式,一种基金预算的方式是与国家财政保持相关联系的基金预算,以基金的形式来反映财政风险平准基金的财务状况,并独立于政府公共预算之外单独编制;另一种是与国家财政完全独立的基金预算。二是政府公共预算。这是福利国家通常采取的基金管理模式,即将财政风险平准资金全部纳入国家财政预算内,同政府其他收支混为一体,由政府直接控制着财政风险平准事业的发展。

在财政风险平准基金的试点过程中,各级人民政府是财政风险平准基金预算管理的国家行政机关。审查和批准本级社会保障基金年度预、决算及年中预算调整方案;组织本级社会保障基金预算的执行;制定社会保障基金预算管理重大的规定。财政风险平准基金管理委员会代行政府预算管理部分职能,预审本级财政风险平准基金年度预、决算及年中预算调整方案;监督本级各部门财政风险平准基金预算执行;协调处理财政风险平准基金预算管理的有关重大事项。

在国家财政建立统一的财政风险平准基金预算之前,财政风险平准基金可以先纳入财政专户,实行收支两条线管理,并实行预、决算制度。财政风险平准基金实行财政专户管理的具体办法,由各级财政部门会同社会保障行政主管部门及其他有关部门制定执行。

第二,财务监督。即政府财政部门、审计部门对财政风险平准基金的运行全过程都实行财务监督,确保基金的安全运行。这种管理主要通过日常监督与定期或者不定期审计来实施。各级财政部门、审计部门应该是财政风险平准基金预算管理的职能部门，审核并汇总编制本级财政风险平准基金年度预、决算草案及年中预算调整方案；具体组织本级财政风险平准基金预算的执行；定期向本级政府和上级财政部门报告社会保障基金预算执行情况；贯彻上级财政部门及本级政府制定的财政风险平准基金预算管理规定；监督检查本级社会保障基金经办机构和下级财政部门财政风险平准基金预算执行情况；审核财政风险平准基金经办机构提出的社会保障基金结余额的安排；安排并拨付本级财政风险平准基金经办机构业务工作经费；负责财政风险平准基金财政专户管理核算工作。

第三，投资管理。对于安全边界以内财政风险平准基金，为减少投资风险，政府应当对基金明确限定其投资行为实行较为严格的管理，包括制定相应的规则、严格挑选优质的投资机构、对投资过程进行严密监控，等等。而对于安全边界以外的可供市场化运营、主要以增值为目的头寸，可以参照中国现有的其他相似性质基金的投资管理规定，在对申请办理基金托管业务基金管理机构的相关资质进行严格审查确定无误后，可以考虑委托给第三方独立的基金管理机构进行托管。

(二)私营竞争型基金管理模式

设立基金会是一种有效的管理手段，由社会独立法人通过竞标方式取得对财政风险平准基金的管理权，成立专门的基金管理公司，政府部门只起一般监督作用，或者委托已有的社会基金管理团体管理，这些形式都是政府集中管理之外的财政风险平准基金管理方式。在设立财政风险平准基金之后，可以由教育、社会保障、民政等部门负责相应普遍服务项目的政策制订和督导。具体的财政风险平准基金管理工作则由专门的非盈利性公司——财政风险平准基金管理公司来承担。

鉴于目前的制度环境、社会状况以及普遍服务基金的行业背景,让基金会完全独立化是一种新的尝试,基金会或多或少总会沾染上一些政府的色彩,但决不应该把基金会完全纳入到政府的行政体系中去。因此,可以借鉴美国等其他国家的成功的做法,成立相应的基金管理委员会,政府授权以契约的形式把管理和使用基金的权力交予该管理会。基金管理会不纳入政府体系,其性质为具有法人资格的民间组织,主要人员由政府任命但不是政府公务员,其他人员从社会招聘,工作要遵循标准化、透明化的原则,职责分明并具有一定的工作自主权。基金管理会要对政府负责,受政府监督机关监管。

二、财政风险平准基金的组织创新

在财政风险评估的基础上通过引入财政风险平准基金封闭式管理机制,将可以极大地促进财政风险应对工作的顺利进行和财政风险化解工作的深入开展。从图7.2中可以看出,财政风险平准基金的战略规划为我们指出了必须两项组织再造,一是负责互为一体四个环节的总管理机构,本书称之为财政风险管理结构,一个是专门负责财政风险平准基金内部管理的财政风险平准基金管理机构。这两个机构一个从面上、一个从点上互为"点面"的相互影响,缺一不可。

(一)财政风险管理机构的确立

拟成立财政风险应对领导小组,全面管理财政风险的应对。作为一项需要系统性管理的财政现象,财政风险所天然具备的整体性、复杂性和传导性要求财政风险的有效管理从一开始便要由较高行政等级的部门进行统一的规划与管理，从优化财政管理流程的角度来看，必须要建立一个能够超越部门利益，具有统筹协调管理机构统一管理财政风险，以便在财政风险发生时利用上级部门的信息渠道和行政部门的"自上而下"的强制执行力，以最为迅速和有效的方式在第一时间统一认识、统一思想、统一采取最为一致的应对行为阻断财政风险的蔓延，降低财政风险发生后所造成的损失。所以，即便是在财政风险管理机构设立的前期，出于稳健的考虑，我们采取渐进式的、"自下而上"的试点的方式予以推广，在地方也必须得到省一级政府的支持和认可。通过试点县市一级的地方统一成立财政风险应对领导小组，加强对财政风险工作的领导，实现对财政风险应对的常态化管理。财政风险应对领导小组，要有权威性。从构成来看，领导小组成员，应该由一级政府的主要领导和主要部门领导人员组成，其中包括各级政府主抓经济的领导、人事部门、财政部门、审计部门、发改委等。

同时，在逐步建立财政风险内部管理体系的基础上，可引进外部专家智力提高财政风险评估与管理的客观性和可信度。首先，可以考虑建立财政风险评估专家库。针对不同的财政风险源，分门别类地从各个领域聘请相应的专家建立专家库，并对专家库实施动态管理。在定期的财政风险评估过程中，每次评估前随机抽出专家名单，进行封闭评估。其次，将财政风险应对后评价委托给独立的第三方评价机构，由第三方对预算单位的应对绩效评估，以求评估结果的科学和公正。同时利用外脑的优势，在后评价报告的基础上，提出修正和改进方案，进一步丰富财政风险应对的经验，提升财政风险应对的质量。

(二)财政风险平准基金管理机构的确立

在成立财政风险管理机构的基础上,作为应对财政风险的核心组织再造,财政风险平准基金管理机构的成立,意味着财政风险专项资金管理的实现。面对财政风险的应对,有效的利用好财政风险准备金,在财政风险平准基金管理机构成立初期,财政风险平准基金管理机构主要要完成如下几大基本职能:一是管理财政风险平准基金的专用账户;二是通过开展必要的调查、研究,及时关注国内、国际两个方面所发生的重大事件对财政安全的影响,并依此及时地提出应对财政风险所要达到的战略目标,修正财政风险来源和进一步细化财政风险传导机制的政策建议;三是建立并完善财政风险检测和评估机制,及时地跟踪研究国内外相关业务和新技术的变化,尽可能的利用较为先进的技术手段估算财政收支的安全边界和发生财政风险的概率;四是建立较为通畅的财政风险沟通、预警和应对机制,通过定期召开联席会议,统一思想和认识并形成专报,为统一协调各政府部门之间应对财政风险的行动做好准备;五是建立并构建较为科学的财政风险评估体系和风险评估标准,定期地发布财政风险评估指数,完善财政风险评估报告;六是建立财政风险信息发布与共享平台,利用互联网便捷而迅速的信息传播途径,实现财政风险信息的公开化与透明化,及时化解因财政风险信息不公开而造成的更为恶劣的影响;七是估算财政风险平准基金的合理规模和运营成本,并在主管部门批准后,根据主管部门核定的财政风险源范围和所应交纳比例,计算征收各财政风险源经济行为参与者应交纳的基金份额;八是在财政风险最可能爆发前,审核财政风险平准资金的拨付申请,监督和评估财政风险平准基金使用情况以及使用效果,每年度向主管部门汇报该年度财政风险平准基金使用的实际情况和实际效果。

第四节　建立财政风险平准基金的路径选择

制度规范是一个包含众多成份的复杂、巨大的网络系统,它的产生和发展过程是各种主客观条件综合作用的结果,其形成的动力促成机制必然也是一个多维度、多层级的动力系统结构。要想充分发挥平准基金的积极作用,除了要不断对平准基金本身进行完善以外,更为重要的是要使平准基金能够与现行的财政制度和各类经济社会制度有机的融合在一起,而这个过程往往不是一蹴而就的。

一、建立财政风险平准基金易采取渐进性改革路径

财政风险平准基金的设立是一项新生事物,也是一种制度变迁过程,那么在此过程中关于改革路径的选择问题必然会出现在人们的视野当中。在中国将较长时期内处在"发展中国家—过渡型社会"①大背景下,社会制度的变革、特别是作为经济制度核心之一的政府财政制度的变革必然也是一个渐进的过程,由于财政风险认识的差异、成文制度的变革、非正式制度

---

① 这是棱柱理论所推演出一个重要概念,棱柱理论运用自然光通过棱镜的转折过程,象征性地解释了一国社会制度的转变过程,进而提出了三种对应的政府管理模式。特别是其中所提及的棱柱型政府管理模式,用进入棱镜中光线的折射情形(既有溶合的白光特性,又含有衍射光的因素)形象地说明了过渡社会新旧并存明显带有传统社会和现代社会双重社会特征的现实。在这个时期,混合型政府管理将呈现如下 8 个特点。它们分别是:1. 融合与分化并存。2. 集权与分权出现两极化。3. 诞生电子政务、网络化与专项管理机构。4. 层级减少。5. 科层制既加强又削弱。6. 自治与监管相结合,政府组织灵活变动、各地差异很大。7. 大量的新兴事务决定我们必须采取相应的转变管理方式,很多事务等可能都需要专项管理机构与管理方式。8. 中央与地方的管理风格差异很大。

的演变等多种因素交织在一起,财政风险平准基金的设立之路必然不是一帆风顺的,也必然不能一步到位,在行动之前,预先的设定下可能存在的几种情况和发展结果,尝试性地提供一个前进的路线图,将有助于我们更好地推进财政风险平准基金的制度建设,正所谓"预则立、不预则废"。因此,采取渐进性改革就应该成为推进财政风险平准基金建设所必须遵守的行为准则之一,以财政风险的应对为行动的目标,以财政风险的混合型管理为过渡,将会成为今后一个时期平准基金管理变革所面临的主基调。

二、密切关注财政风险平准基金制度的路径依赖

路径依赖是指人类社会中的技术演进或制度变迁均有类似于物理学中的惯性,即一旦进入某一路径(无论是"好"是"坏")就可能对这种路径产生依赖。路径依赖问题首先由保罗·大卫在 1985 年提出的,他认为,一些偶然事件可能导致一种技术战胜另一种技术(即技术演进),而且一旦选择某一技术路线,即使这一路线可能不比放弃的另一种技术路线更为有效,它也会持续到最终。道格拉斯·诺斯将前人有关这方面的思想拓展到社会制度变迁领域,从而建立起制度变迁中的路径依赖理论。诺斯就制度变迁中的路径依赖现象提出了三点主张:(1)制度变迁如同技术演进一样,也存在着报酬递增和自我强化机制。(2)制度变迁不同于技术演进的地方在于,它除了受报酬递增机制决定外,还受市场中的交易因素影响。(3)诺思对路径依赖成因及其传递机制的说明又揭示了制度形成的基础是人们的信念。

诺思制度变迁的路径依赖理论对于建立财政风险平准基

金制度具有重要的启示。作为一种制度变迁过程，在建立财政风险平准基金的过程中，路径依赖的形成来自每项改革措施最初的正效应、政府的支持、个体和集体学习，以及后续政策的强化等，这些是现行财政风险管理制度改革走向良性循环的必要动力。但这并不能保证改革不受其他消极因素的影响，一旦此项改革没有采取谨慎决策，走向"锁定"随时都是可能的。那么，如何促进制度的良性循环而避免陷入"锁定"？我们必须承认和关注新制度形成过程中原制度环境下所固有的社会文化、习俗等非正式制度和不完善的个人认知对新制度的影响①，建立（或生成）一种灵活的、鼓励社会成员反复"试错"的制度，在财政风险平准基金制度形成过程中，通过分散决策利用散布在千百万社会个体中的知识尤其是默示知识，鼓励社会知识的积累，鼓励社会成员在各个方向或方面的创新，从而有效避免"锁定效应"的出现。

三、财政风险平准基金的路径演进需要政府主导

由于财政风险平准基金的确立，绝不是会通过单纯的引进其他相类似属性基金成文的规则就可以实现有效运行那样简单。制度的自组织过程②是一个漫长的历史过程，照搬其他的做法只能出现不伦不类的混沌状态，无法实现制度的顺利转

---

①　新制度的形成是利益多元化、价值趋向多元化、信息不完备的当事人之间、当事人认知与环境之间的复杂的相互作用的过程。当事人的经济行为无疑受到现有制度的影响，同时，这些经济行为也必将影响新的制度。

②　自组织理论是20世纪60年代末期开始建立并发展起来的一种系统理论。它的研究对象主要是复杂自组织系统（生命系统、社会系统）的形成和发展机制问题，即在一定条件下，系统是如何自动地由无序走向有序，由低级有序走向高级有序的。在这里，本书借用自组织的概念，意在说明财政风险平准基金的建设从无序到有序的过程是漫长而且需要时间使组织内部各个因素之间实现有机融合。

轨。同时,财政风险平准基金改革的起始条件对于改革的成败与否以及路径选择影响巨大。考虑财政风险范畴的特殊性,情况更是如此。鉴于改革涉及政治、经济、文化、管理、法律等各个方面所产生的复杂性和艰巨性,我们必须在尊重现有财政制度的基础上,循序渐进的完成财政风险管理的制度变迁。在财政风险管理的制度创新过程中,政府的主导性作用必须摆放在重要的位置上,只有政府为财政风险平准基金制度的创新保驾护航,财政风险管理的制度变迁才能顺利的实现。

思考题

1. 名词解释

财政风险平准基金　绩效评价　路径依赖　自组织

2. 思考题

(1)请简要论述财政风险平准基金设立的原则。

(2)请简要论述财政风险平准基金后评价的要素。

(3)请简要论述财政风险平准基金管理模式。

(4)如何实现财政风险平准基金的组织创新?

(5)如何理解财政风险平准基金的路径选择?

参考文献

[1][美]彼得·圣吉著,郭进隆译:《第五项修炼——学习型组织的艺术与实务》,上海三联书店1998年版。

[2]陈平著:《文明分岔　经济混沌和演化经济学》,经济科学出版社2000年版,第587~619页。

[3]黄祖辉:《转型、发展与制度变革——中国“三农”问题研究》,上海人民出版社2008年版,第74页。

[4]蔡立辉:《政府绩效评估的理念与方法分析》,《中国人民大学学报》2002 年第 5 期,第 93～100 页。

[5]Iaaac-Henry,Kester,Chris Painter and Chris Barrnes,1997,Management in the Public Sector:Challenge and Change (second edition),London:Thomson Business Press,P83.

[6][美]C. 亚历山大著,赵冰译:《建筑的永恒之道》,知识产权出版社 2004 年版。

[7]ACIR(Ronald J Oakerson),The Organization of Local Public Economies Washington. D. C. Advisory Commission on Intergovernmental Relations,1987.

[8]Savas E. S. ,Privatization and Public-Private partnerships. Seven Bridges Press,LLC,2000.

[9]丁煌:《西方行政学说史》,武汉大学出版社 2005 年版,第 286 页,285 页,290 页。

[10]师汉民:《从"他组织"走向自组织——关于制造哲理的沉思》,《中国机械工程》2000 年 Z1 期。

[11]Kiser,Larry and Elinor Ostrom,1982,"The Three Worlds of Action:A Methodological Synthesis of Institutional Approaches",in Elinor Ostrom,Strategies of Political Inquiry,Beverly Hills,CA:Sage Publications,pp. 179 - 222.

参考文献

[1]财政部预算司. 巴西整治地方政府债务危机的经验教训及启示[J]. 经济研究参考,2008(22F-3):P11-14.

[2]程艳. 对财政风险的理论研究[J]. 山西高等学校社会科学学报,2008(1):p53-55.

[3]陈凤娣. 金融风险"财政化"的制度缺陷及其防范对策[J]. 福建师范大学学报(哲学社会科学版),2005(4):P21-24.

[4]曹栓成,江涛,马琳. 防范和化解金融风险财政化的几点对策[J]. 财政监督,2006(12):P41-42.

[5]陈柳钦,陈光. 金融风险产生的根源及机理初探[J]. 商业研究,1999(5):P34-37.

[6]陈少强,姜宇. 经济运行变化引致的财政风险分析[J]. 湖北财税,2003(12):P34-35.

[7]陈共. 积极财政政策及其财政风险[M]. 中国财政经济出版社,2003.

[8]庹国柱,蒋菲. 社保基金筹资模式与投资运用问题的探讨[J],人口与经济,2008年第5期,P55-60.

[9]丁静波. 改革开放以来我国国债风险的实证研究[J]. 经济论坛,2007(7):P107-109.

[10]盛洪主编. 中国的过渡经济学[M]. 上海人民出版社,1994.

[11]傅志华. 国家财政安全论[M]. 人民出版社,2001.

[12]樊文格,江华锋. 对我国国债风险问题的探讨[J]. 集团经济研究,2006(34):P182-183.

[13]冯水玲,曹卫红,崔海芝. 我国金融风险的表现及成因分析[J]. 山西统计,1999(12):P33-34.

[14]郭田勇. 中国财政赤字还在警戒线以内[N]. 中国新闻网,2009-04-03.

[15]高亚军. 试论开征社会保障税的税制基础[J],税务研究,2006年第5期,P50-52.

[16]国务院国有资产监督管理委员会.中央企业全面风险管理指引,2006 - 6 - 6.

[17]郭庆旺,赵志耘.财政理论与财政政策[M].北京:经济科学出版社,1999.

[18]财政部国库司编著.中国政府债务管理报告[M].中国财政经济出版社,2005.

[19]国务院发展研究中心社会保障课题组.分离体制转轨成本,建立可持续发展制度——世纪之交的中国养老保障制度改革研究报告[J],管理世界,2000 (6).

[20]何开发.中国财政风险[M].中国时代经济出版社,2002.

[21]哈维·S.罗森.财政学(第四版)[M].北京:中国人民大学出版社,2000.

[22]何菊芳.论我国财政风险及防范[M].财经理论与实践,2000(1).

[23]何开发.中国财政风险[M].中国时代经济出版社,2002.

[24]上海财经大学课题组.关于我国国债风险的认识和评估[J].财经论丛,2003(1).

[25]Hana Polackova Brixi、马骏主编.财政风险管理:新理念与国际经验[M].中国财政经济出版社,2003.

[26]吉淑英.国债风险及防范问题探析[J],财政研究,2004 年第 2 期,P36 - 37

[27]姜毅.论我国金融风险的表现、成因及防范对策[J].财贸研究.1999 (6):P45 - 47.

[28]贾康,赵全厚.国债适度规模与我国国债的现实规模[J].经济研究,2000(10).

[29]贾云赟.金融风险财政化问题及对策[J],P58 - 60,中外企业家,2007 年 2 月

[30]课题组.我国政府隐性债务风险研究[J].财经论丛,2002(1).

[31]刘尚希.财政风险:一个分析框架[J].经济研究,2003(5).

[32]刘尚希,赵全厚.政府债务:风险状况的初步分析[J].管理世界,2002 (5).

[33]罗云毅. 财政赤字率和债务率:"马约"标准与国际安全线[J]. 经济研究参考,2003(3).

[34]刘尚希. 财政风险及其防范问题研究[M]. 经济科学出版社,2004(7).

[35]李红霞. 财政学[M]. 中国财政经济出版社,2006.

[36]刘玲玲,冯健身. 中国公共财政[M]. 经济科学出版社,1999(8).

[37]李志伟. 对我国国债规模现状的思考[J]. 现代商贸工业,2008(1):P21－22.

[38]林义. 西方国家社会保险改革的制度分析及其启示[J]. 学术月刊,2001(5):P29－36.

[39]李宝庆. 试论金融风险及其防范和化解思路[J]. 陕西金融,1997(9):P19－20.

[40]刘源,王攀. 全球金融危机下对防范我国财政风险的新思考[J]. 国研网,2009－5－13.

[41]李桂平. 国有企业债务与财政风险[J]. 经济研究参考,2001(94):P11－14.

[42]刘尚希主编. 财政风险及其防范研究文集[M]. 经济科学出版社,2000.

[43]刘尚希,于国安主编. 地方政府或有负债:隐匿的财政风险[M]. 中国财政经济出版社,2002.

[44]刘尚希. 论公共风险[J]. 财政研究,1999(9):p12－19.

[45]刘尚希、赵全厚. 政府债务:风险状况的初步分析[J]. 管理世界,2002(5):p22－32.

[46]刘成. 政府的隐性债务、或有负债与国债政策的可持续性[J]. 经济研究参考,2002(6).

[47]林治芬. 中国社会保障的财政风险及其防范[J],中国财经信息资料,2002年第3期,p25－27.

[48]梁红梅. 转轨时期的财政风险及其防范与控制[J]. 财政研究,1999(3).

[49]刘立峰. 国债政策可持续性及财政风险度量[J]. 宏观经济研究,2001(8).

[50]吕伟.财政风险的公共性[J].四川财政,2000(7).

[51]吕宝生,王延杰、陈树存.政风险监测系统与预警机制研究[J].河北财会,2002(2).

[52]李格平等.跟进国有经济战略性调整,加快补充社保基金[J].国有资产管理,2004(8).

[53]马拴友.中国公共部门债务和赤字的可持续性分析[J].经济研究,2001(8).

[54]马凤鸣.我国财政风险剖析[J].北京工商大学学报(社会科学版),2007(2):p29-34.

[55]马国强,谷成.中国开征社会保障税的几个基本问题[J].财贸经济,2003(5):P32-35.

[56]马骏.财政风险管理:新理念与国际经验[M].中国财政经济出版社,2003.

[57]马骏.对地方财政风险的监控:相关的国际经验[W].世界银行,2000(5)月.

[58]米建国,倪红日.我国财政赤字与债务规模预警系统的初步研究.天润财经网,2002-4-2.

[59][美]理德·B.J.,约翰·W.斯韦恩,朱萍、蒋洪等译.公共财政管理[M].中国财政经济出版社,2000.

[60]彭高旺、李里,我国金融风险财政化问题的研究[J],上海金融,2006年第4期,P22-24。

[61]裴桂芬,美、日金融自由化与金融监管[J],外国经济与管理(沪),1998年01期,P17-20.

[62]平新桥.道德风险与政府的或然负债[J],财贸经济,2000年第11期,p5-11.

[63]裴育,欧阳华生.地方债务风险预警程序与指标体系的构建[J].当代财经,2006(3).

[64]乔晓华,我国国有企业道德风险问题剖析及有效解决途径[J].经济师,2005(10):P195-197.

[65]孙亦军.我国社会保障制度建设中政府责任定位研究[J],中央财经大

学学报,2007(5):P22－26.

[66]孙国相．论防范和化解财政风险[J],财贸经济,2001(2):p17－21.

[67]孙天法,张良华．贫困的终结——社会保障无风险投资体系[M]. 北京:经济科学出版社,2004.

[68]孙祁祥．空账和转型成本——中国养老保险改革的效应分析[J]. 经济研究.2001(5).

[69]涂立桥．我国国债可持续性的研究[J]. 统计与决策,2005 年第 8 期.

[70]唐龙生．财政风险层次论[J]. 财经问题研究,2001(2).

[71]童本立,王美涵．积极财政政策风险与对策研究[M]. 中国财经出版社,2002.

[72]王美涵．中国财政风险实证研究[M],中国财政经济出版社,1999.

[73]吴敬琏．中国采取了"渐进改革"的战略吗?[J]. 经济学动态,1994(9).

[74]王宁．中国财政赤字率和政府债务规模警戒线初探[J]. 财政研究,2005(5).

[75]温海红．当前我国社会保障基金的缺口分析及其对策[J]. 理论导刊,2002(8):P10－12.

[76]文艺文．委托代理、道德风险与国企改革[J]. 经济问题,2002(4):P38－40.

[77]王贵民,国有企业制度变革引发的财政风险[J]. 经济研究参考,2007(36):P31－32.

[78]王亚芬,梁云芳;我国财政风险预警系统的建立与应用研究[J];财政研究;2004 年 11 期

[79]许正中．社会多元复合转型:中国现代化选择的战略基点[M]. 中国财政经济出版社,2007.

[80]许正中．财政支助体系:由追随到创新[J]. 经济研究参考,2005(31).

[81]邢天添．和谐社会与公共财政[J]. 广西财经学院学报,2007(1):p30－32.

[82]肖俊涛．关于我国财政风险的金融化与金融风险的财政化[J]. 经济研究参考,2006 年第 93 期(总第 2053 期)

[83]邢俊英;论财政负债风险及其影响因素[J];中央财经大学学报;2004年05期

[84]杨大楷、王天有等,国债风险管理[M],上海财经大学出版社,2001年2期

[85]杨文进.略论国债危机的衡量标准与我国的国债风险[J],福建论坛(人文社会科学版),2007(5),P8－13.

[86]姚春辉.完善社保基金监管、促进和谐社会建设—基于武汉市社会保障基金监管体系的实证分析[J].中南财经政法大学研究生学报,2008(2).

[87]颜旭若.浅论减持国有股、充实 社会保障基金的方案设计[J].中共中央党校学报,2000(11):P87－92.

[88]杨大楷.国债风险管理[M].上海:上海财经大学出版社,2001.

[89]张军."双轨制"经济学:中国的经济改革(1978～1992)[M].上海人民出版社,1997.

[90]张雷宝.公债经济学——理论·政策·实践[M].杭州:浙江大学出版社,2007.

[91]赵雪恒.财政学[M].北京:中国财政经济出版社,2005.

[92]"中国绩效模式设计"课题组,绩效预算理论探索,working paper,国家十五社会重大公益项目2005DIA2J0005.

[93]张燕,王刚义.浅析我国财政的债务风险[J].南方经济,2001(1):P59－61.

[94]赵宇.我国当前国债风险分析与防范[J].东岳论丛,2006(6):P87－89.

[96]张俊芳.我国开征社会保障税的必要性和可行性[J],税务研究,2006年第10期,P89－90.

[96]张晖,倪桂萍.财政补贴、竞争能力与国有企业改革[J],财政问题研究,2007年第2期,P86－92.

[97]赵平.国有企业财务风险与财政风险间的相互转化问题[J].经济论坛,2004(4):P88－90.

[98]中国国债协会《国债市场化》课题组.国债的流通性与增发空间[J].经济研究,2002(5).

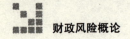

[99]张国生. 政府财务境况和财政风险:一个分析框架[J]. 公共管理学报,2006(1).

[100]Alesino,Alberto,"The Political Economy of the Budget Surplus in the United States,"Journal of Economic Perspectives,14,3 (Summer 2000):3 - 19.

[101]Allen Schick. Budgeting for Fiscal Risk. The World Bank,2000.

[102]Barro,Robert J. "Public Debt and Taxes."In Federal Tax Reform,edited by Michael J. Boskin,189 - 209. San Francisco:Institute for Contemporary Studies,1978.

[103]Buchanan,James M. Public Principles of Public Debt. Homewood,Ill. : Richard D. Irwin,1958.

[104] Bernanke &. J. Rotemberg (Eds.), NBER macroeconomics annual 1997. Cambridge:The MIT Press,1998:pp115 - 147.

[105]Chow,G. C.. Capital formation and economic growth in China. Quarterly Journal of Economics 1993:108(3),809 - 842.

[106]Daniel Heymann,"From Sharp Disinflation to Hyperinflation,Twice: The Argentine Experience,1985～1989",in Michael Bruno,Stanley Fischer,Elhannan Helpman, and Nissan Liviatan, with Leora Meridor (edl), Lessons of Econom ic Stabilization and Its Afterm ath,Cambridge, MIT Press, 1991, pp1103 - 1301

[107]Easterly,william. when is fiscal adjustment an illusion Eonomic policy (april),1999,pp57 - 86.

[108]Edward Amadeo,"Distribution and Welfare Effect of Inflation and Stabilization ",in Andre Lara Resende,Policies for Growth—The Latin Am erican Experience,IMF,1995,pp154 - 721

[109]Feldstein,M.. Privatizing social security. Chicago:University of Chicago Press,1998.

[110]Feldstein,M. ,&. Samwick,A.. The transition path in privatizing social security In M. Feldstein Privatizing social security. Chicago:University of Chicago Press,1998:pp215 - 265.

[111]Freidman,B. ,&. Hausman,L.. Sustainable social protection in China:

Concluding the reforms. Mimeo,1998.

[112]Ferranti D. D. , Leipziger D. and Srinivas P. S. The Future of Pension Reform in Latin America. Finance and Development,2002,Vol. 39,No. 3,September.

[113]Feldstein,M. ,& Samwick,A.. The economics of prefunding social security and medicare benefits. Nber Macroeconomics Annual,1997.

[114] Hana Polackova Brixi. Contingent Government Liabilities:A Hidden Risk for Fiscal Stability,The World Bank,1998.

[115]Hu,A.. Reforming China's social security system:Facts and perspectives. International Social Security Review,1997:50(3),45 - 60.

[116]Hussain, A.. Social security in present-day China and its reform. American Economic Review,1994:84(2),276 - 280.

[117]Holzmann R. ,Orenstein M. & Rutkowski M. Pension Reform in Europe:Process and Progress,World Bank,2003.

[118] Holzmann R. & Palmer Edward eds. , Pension Reform: Issues and Prospect for Non Financial Defined Contribution (NDC) Schemes,World Bank, 2005.

[119]Guillermo Perry and Ana Maria Herrela,Public Finance,Stabilization and Structural Reform in Latin Am erica,Inter-America Development Bank,1994.

[120]Mertonrobertc,and zvi bodie. On the management of financial guarantees. financial management. 1992:pp87 - 109.

[121] Pieter, bottelier. Implications of wto membership for china's state-ownedbanks and the management of public finances:issues and strategies. working paper,2001.

[122]Polackova brixi,hana. contingent government liabilities:a hidden risk-for fiscal stability. world bank working paper,No. 1989,1998.

[123]Polackova brixi,hana,ghanam hafez,and islam roumeen. fiscal adjustmentand contingent liabilities:case studies of the czech republic and macedonia. worldbank working paper,no. 2177,1999.

[124]Sebastian Edwards,. Public Sector Deficits and Macroeconomic Stabili-

ty in Developing Countries. NBER,Working Paper No. W5407,1996.

[125]Schultze, Charles L. Why We Should Worryabout the Budget Deficit. The Brookings Review (Summer 1989):26 - 33.

[126]Samuelson,P. A. (1958). An exact consumption-loan model of interest with or without the social contrivance of money. The Journal of Political Economy Vol. 66,pp467 - 482.

[127]Song,S. ,&.Chu,G. . Social security reform in China:The case of old ageInsurance. Contemporary Economic Policy,1997:15(April),85 - 93.

[128]The World Bank. Old Age Security:Pension Reform in China,China 2020 Series. Washington,DC:The World Bank,1997.

[129]Teresa Ter-Minassian and Gerd Schwartz,"The Role of Fiscal policy in Sunstainable Stabilization:Evidence from Latin America",IMF,Working Paper 94,1997,pp19

[130]Tanzi, vito &.george tsibouris, fiscal reform over ten yesrs of transition. imfworking paper,june 2000,no. 113,pp2 - 29.

[131]Vito Tanzi. Fiscal Issues in Adjustment Programs in Developing Countries. Developm ent S tudies Working Paper,No126,Turin /Oxford:Centro Studi Luca d'Agliano,Queen Elizabeth House,1990,September,pp123 - 251.

后 记

2009年是一个极为不平凡的年份,十月一日新中国成立60周年的阅兵式既是我国改革开放30年以来人民安居乐业、国泰民安的完美展示,也是我国政治、军事等综合国力的展示。同时,60年一轮回,2010年也象征着新的起点、新的发展、新的挑战与机遇。在这样的历史背景下,面对国际金融危机的阴霾、面对着"全球化"的洗礼、面对着中国社会的多元复合转型等一系列隐含的风险和不确定性,如何能够继续保持我国目前良好的发展态势,实现经济的可持续性发展、社会的和谐演进,减小社会转型的阵痛,降低社会转型的成本,避免现代化的断裂,实现中华民族的和平崛起,业已成为中国政府乃至整体国民关注的焦点。

由于市场经济天生是一种鼓励竞争、不断衍生风险、在优胜劣汰和贫富差距中寻找发展动力的风险经济,因此衍生和聚集风险也就成为了市场经济无法克服的天然属性。在这种情况下,财政作为现代经济社会中社会总体风险的最终化解人和总埋单者,其所发挥的巨大作用历来为各国政府所倚重。本着"居安思危"的治国理念,研究各类经济和社会风险发生、度量以及其传导机制,利用财政手段管理和化解各类风险,无论是保障社会经济的正常运行还是应对突发各类危机都是极为重要的,正所谓"未雨绸缪"胜于"亡羊补牢"。

本书是国家行政学院资助的教材开发成果之一,由国家行政学院许正中教授和南开大学经济学院邢天添博士负责总撰,公共管理学部的叶响裙博士参加了部分章节的写作,国家行政学院教务部的秦世才主任、范文副主任给予了许多具体的指导，袁进明、房小云同志也给予了许多帮助。

面对新的历史机遇与挑战，财政风险也必将演化和发展，财政风险的应对实践也将不断演变和深化。本书所概括的研究成果还只是初步的，掌握的资料还有相当的局限性。鉴于时间仓促和作者水平局限，本书难免存在诸多不足之处，敬请各位专家、学者不吝赐教。

在本书的出版过程中，国家行政学院出版社的总编辑乔兵同志和王兵、樊克克编辑给予了许多重要帮助，在此表示衷心的感谢！

图书在版编目(CIP)数据

财政风险概论/许正中编著. —北京:国家行政学院出版社,2010.7
ISBN 978-7-80140-874-7

Ⅰ.①财… Ⅱ.①许… Ⅲ.①财政管理:风险管理—研究
Ⅳ.①F810.2

中国版本图书馆 CIP 数据核字(2010)第 089640 号

书　　名	财政风险概论
作　　者	许正中　编著
责任编辑	阴松生　樊克克
出版发行	国家行政学院出版社
	(北京市海淀区长春桥路6号　100089)
	(010)68920640　68929037
	http://cbs.nsa.gov.cn
编 辑 部	(010)68928789
经　　销	新华书店
印　　刷	北京天宇万达印刷有限公司
版　　次	2011年3月北京第1版
印　　次	2011年3月北京第1次印刷
开　　本	787毫米×1092毫米 16开
印　　张	15.75
字　　数	170千字
书　　号	ISBN 978-7-80140-874-7/F·86
定　　价	31.00元

本书如有印装质量问题,可随时调换。联系电话:(010)68929022